〝極意〞

加納聖士
KANOU SEIJI

「多店舗展開」で絶対失敗しない法

はじめに

この本を手にとられる方の大多数は、店舗経営に多少なりともご経験のある方だと思います。そしておそらくはすでに店舗経営を成功させ、さらに大きな果実を求めておられるのではないかと拝察します。私は、「多店舗展開」というビジネスモデルこそが、まさにそのような夢をもつ方々が、より早く、よりリスクを少なく、夢をかなえる方法だと確信しています。

私は3店舗から80店舗までの多店舗展開・運営を自分自身で体験し、その間、200社以上のフランチャイズ本部のビジネスを見てきました。その経験を生かすことによって、これまで約400社の企業の多店舗化と人材育成のコンサルティングをしてきました。

その過程で、多くの経営者が同じところでつまずくのを見てきています。

つまずきの原因を探り、傷を修復しながら雄々しく立ち直り、そして復活するところも、さらに大きなビジネス展開に向かい、大きな果実を手に入れるところも、会社経営者によりそいながら見させていただきました。そこには、**つまずかないための法則**があり、**つまずきから立ち直るための法則**もあり、さらに**多店舗展開をより効果的に行い、継続するための法則**もあります。

この本は、私の実体験とコンサルティング事業を通して見出したリアルな生きた法則を、店舗ビジネスに人生を賭ける方々に活用していただきたいという思いでまとめたものです。

多店舗展開には規模が拡大するステップに応じて特有の難しさがあり、またそれを克服していく楽しさもあります。ご自分で店舗経営をされてきた方々には、成功を手にした実績があり、またプライドもあり、これまでの経営戦略に自信をもたれていることと思います。でも、これまでの1店舗や2店舗の経営の手法がそのまま多店舗展開に応用できるわけではありません。

多店舗展開の根本は「仕組みづくり」です。今までの知識・経験・勘を活かしながらも、それらとは次元の違う考え方と論理的に構成された枠組みが必要で、戦略を実行していく方法論も不可欠です。

もちろん業種・業態・規模・地域などさまざまな違いがあり、とるべき戦略は異なることでしょう。しかし、世の中のすべての事象が物理法則に従っているように、店舗ビジネスでも基本となる法則があります。特に多店舗展開を考えるときには、私が発見した法則をベースに考えていただければ、無用なご苦労がなくなるのではないかと思います。法則は全部で40あります。どうぞ最後までお読みいただき、夢の実現に向けて、最短コースを走るための参考にしていただければ幸いです。

令和元年5月　　加納　聖士

目次

第1章　99・9％の社長が知らない多店舗化の真のメリット

1　すべての物事にはメリットとデメリットがある……12
2　多店舗化は利益率改善を目的にしよう……26
3　多店舗展開は正しい手順で進めよう……34
4　99・9％の経営者が知らない「多店舗化のメリット」を知ろう……46
5　多店舗化に潜む「7つの魔物」に気をつけよう……52
6　気合と根性の世界を超越して、5店舗の壁を越えよう……62

第2章　最大の脅威〝人の離脱〟を防ぐ法則

1　「自立・自走型人材」を育成しよう……70
2　95％の会社が誤解している人材育成法を真似るな……76
3　本学を教え「本末転倒」を防ごう……78

4 部下の心に火をつける上司になろう……80
5 学は人たる所以《ゆえん》を学ぶなり……84
6 古代ギリシアの「3人めの石切り職人」に学べ……86
7 最強の「同志的結合」をつくり出そう……90

第3章 生き残るために実行すべき「仕組み化」とは

1 成功のための「仕組み化」を考えよう……94
2 「人材志向」ではなく「仕組み志向」で成長しよう……100
3 仕組み化の本質を考えよう……106
4 多店舗化には「再現性」を重視しよう……110
5 社長の独創性の社員化より「本物感」をめざそう……112
6 「単純化・標準化・分業化」を進めよう……114
7 儲かっていなければ分業化を急ぐなかれ……120

第4章　マニュアルは本当に必要か？

1　理念を行動に落としこみ、マニュアル化しよう……126
2　理念に沿った正しい行動をストーリーで示そう……132
3　価値を伝えられるのは言葉だけと心得よう……138
4　マニュアル会社も知らない「7つのポイント」を理解しよう……142
5　チェックシートはＴｏＤｏと詳細に分けよう……150
6　物事を「分ける」ことで「わかる」ようにしよう……158
7　入社初日から「本学」を教えよう……162

第5章　キャッシュフロー経営と財務的視点

1　失敗しない多店舗経営の3つの基軸を堅持しよう……168
2　「シナジー効果」を最大に生かす戦略を立てよう……172
3　キャッシュフロー経営で財務を改善しよう……176
4　儲かっていると判断する基準を決めよう……178

5　数字をつくる力と読む力を同時に磨こう　184
6　回収が先、支払いが後のビジネスモデルをつくろう　188
7　細かい数字にこだわり「分解思考・掛け算思考」をせよ　192

第6章　吉田松陰には見えていた「全員参加型組織」

1　松下村塾の「個性を伸ばす教育法」に学ぼう　198
2　「正しい答え」より「正しい問い」を追求しよう　202
3　「他人ごと」から「自分ごと」へと転換しよう　204
4　激変するビジネス環境に対応できる人材を育てよう　206
5　「ホラクラシー型組織」への移行をめざそう　208
6　500もの会社をつくった渋沢栄一に学ぼう　212

あとがき　214
参考文献・Webページ　217
感謝をこめて〈お世話になった皆さん〉　218

第1章

99・9%の社長が知らない多店舗化の真のメリット

1 すべての物事にはメリットとデメリットがある

店舗ビジネスはお客様と直接触れ合って笑顔を交わし、お互いに幸せを感じられる素晴らしい仕事ですね。できるだけ多くのお客様に喜んでもらいたいものです。でも個人経営の店ではお客様を増やすのにも限界があります。おそらくこの本を開いているあなたは、お客様を増やしたいのに増やせないとか、売上げは上がっているのに儲からないとか、何か今の店舗経営に満足できていない部分がおありなのではないかと思います。事業成長のペースに物足りなさを感じておられるかもしれませんし、先行きへの不安を感じておられるかもしれません。ひとまず店舗経営を成功させたその先をめざすとき、必ず何かの壁が立ちふさがります。その壁を乗り越えたいと考える方に、私は多店舗展開をお勧めしています。

とは言っても、目の前の問題解決に多店舗化が唯一の方法だと言うつもりはありませんし、多店舗化が成功のための魔法の杖だなどと言うつもりも毛頭ありません。私がお勧めするのは、地に足がついた安全な多店舗化、失敗しない多店舗展開を実行していくための基礎体力を、まずはつけていただくことです。日々の地道な努力こそ、壁を乗り越え、ゴールに近づくための最短経路だと私は思います。ただ、努力をするにも間違った思い込みでの努力は無駄です。人生の時間は限られています。なるべく横道にそれないように、正しい方向を向いて努力することが肝心です。そのためには、地道な方法での多店舗展開を目標にすることが、最善の道だと私は考えています。もちろん、すべての物事にはメリットとデメリットがあります。多店舗展開だって例外ではありません。まずそれをご理解いただきたいと思います。

では、多店舗展開の最大のメリットとは何でしょうか。「売上が増える」ことでしょうか。「みんなが褒めてくれる」ことでしょうか。いえ、私は**「ビジネスのリスクヘッジ」になることが最大のメリット**だと考えているのです。少し思っておられたことと違うかもしれませんね。でも、会社にとって最大のリスクとは何でしょうか。会社が倒産して事業が継続できなくなることではないでしょうか。

そのリスクはいま、従来の店舗経営の手法を続けていては避けられないものになりつつあります。それは個人や一企業の努力ではどうにもならない、日本のビジネス界がこれまで経験したことのない環境変化が、今まさに激しさを増しているからです。

少し現在のビジネストレンドについて考えてみましょう。大きなトレンドとして注目すべきなのは次の５点です。

① 人手不足

いま、盛んに少子高齢化と労働力不足が取りざたされています。すでに「超高齢社会」に突入した日本では、少なくともこれから数十年の間、労働力不足が続きます。会社経営にとって、若い働き手がどんどん少なくなっていくのは深刻な問題です。特に大企業でもなく、ブランド力もまだまだという会社にとっては人材獲得は今後ますます難しくなっていきます。

何が難しいかと言えば、まずは人材募集費です。60万～70万円の費用がかかる募集広告を出したとしても、応募者の問合せすらないのが現状です。人材紹介や人材派遣の専門会社を通しても、費用がかかるだけでなかなか人は集まりません。また人件費の高騰も続いており、この数年でアルバイト、パートの時給がどんどん上がっています。最低賃金を継続的に上げていくのが政府方針ですし、よい人材を獲るために競合各社が競い合い、人件費は今後もますます上がり続けるでしょう。

② モラルハザード

そんな中で学生アルバイトやフリーターなどの非正規雇用従業員を積極的に登用しようとする企業が増えています。しかし、きちんとした労務管理ができていないと、社会経験の少ない若い従業員は数々の問題を起こします。ひどい例では、店舗内でのおふざけ動画を動画サイトに投稿したり、来店した芸能人のプライベート情報をＳＮＳに投稿したりする従業員が出てきてしまうのです。不衛生な行為を動画で拡散された飲食店では廃業に追い込まれるケースもありましたね。「バイトテロ」「モラルハザード」などという言葉も生まれました。

そのような常識的な倫理観に欠ける傾向があっても、若い労働力を欠かすことはできません。教育・育成を通して、仕事をちゃんとこなせるようにすると同時に、常識的な倫理観やモラルも身につけてもらわなくてはなりません。そのためには従業員の行動監視や、行動を評価・是正するための制度や担当者も必要になります。そうしたコンプライアンス維持のための教育・育成コストはなかなか目には見えません。しかしそのコストは年々増加を続けています。

一方、そうして苦労して育てた人材も、ちょっとしたトラブルですぐに辞めてしまうことも多くなりました。職場の仲間意識や連帯感が薄まり、義理や人情でつなぎとめることが難しくなっています。教育コストが無駄になり、さらに人材募集を行なうコストがかかりますね。

③ 業態寿命の短期化

店舗のスタイルやコンセプトの流行り廃りも激しくなっています。昔から業態の寿命には限

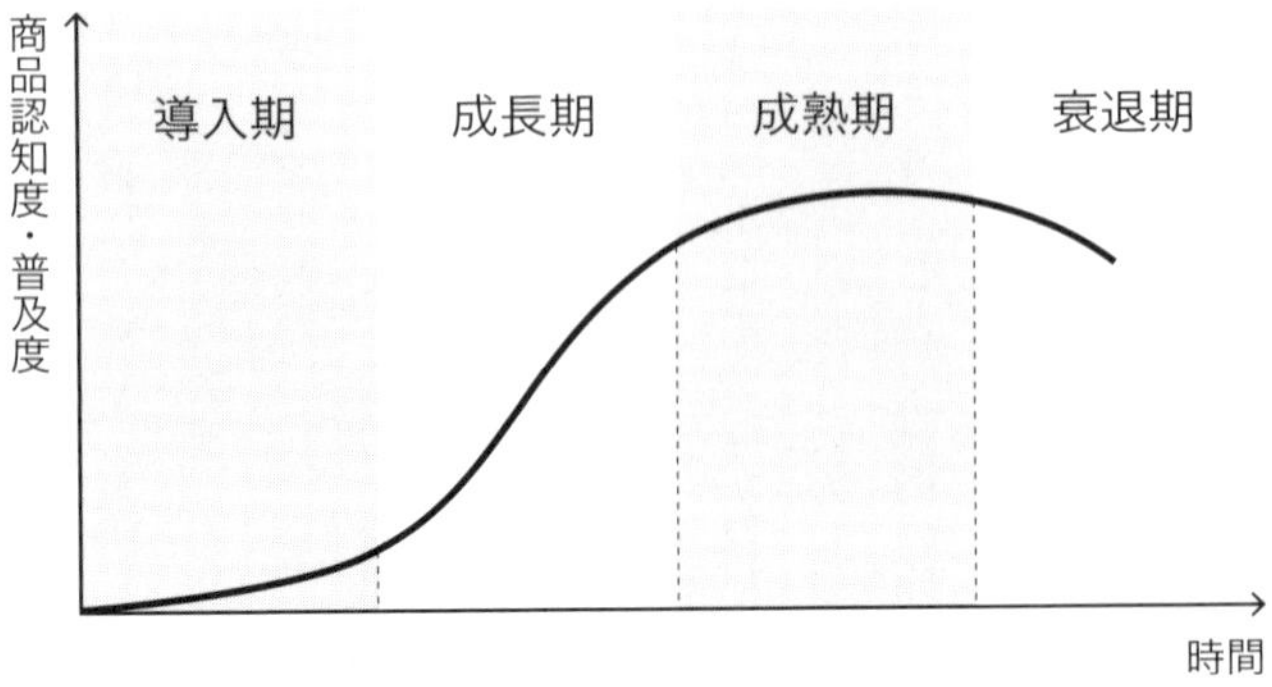

図1　業態の「成長カーブ」

りがあります。上図の「成長カーブ」のグラフのように、「導入期」から「成長期」にかけて大きく成長し、成熟期を迎えると成長は緩やかになり、「衰退期」にかけてだんだんと伸び率が低下し、やがて衰えていきます。

　衰退期に入る前に新しい業態に切り替えたり、新規業態を併行してスタートさせたりできればよいのですが、それができなければ市場から撤退していかなければなりません。このライフサイクルは商品1つひとつについても同様ですし、店舗、事業、会社についてもほぼ同じです。

　これは基本的なビジネス法則ですが、近年はライフサイクルがどんどん短期化しています。特に飲食業界では、**導入期から衰退期まで平均わずか2年**というサイクルになりました。新規出店のための初期投資は時に莫大な金額になることがありますが、その投資を回収する前にその業態の寿命が尽きるケースが、実は相当数あるのです。

④原材料費の高騰

さらに問題なのが、アベノミクスがスタートして以来の原材料費の高騰です。食材をはじめ、各種資材の値上がりが続いています。輸送費もどんどん高騰していますから、仕入れにかかわる支出が軒並み膨張している状況です。加えて２０１９年10月には消費税が10％に上がり、今後も上がりこそすれ下がることはないでしょう。ますますコストが膨張します。

⑤インターネットの影響

インターネット上の各種サービスが店舗ビジネスにネガティブな影響を与えているのも現在の大きなトレンドです。

例えば飲食店ではレビューサイトの評判が集客を左右しています。よいレビューがつけば集客につながるものの、悪いレビューが投稿されるとたちまちお客様の足が遠のく現象が起きています。悪意ある偽りのレビュー投稿であっても影響力があり、失地回復のためにはあらゆる努力をしなければなりません。

また小売店では、実店舗の店頭で商品を確認してから同じものをインターネットで購入する「ショールーミング」が問題になっています。物流コストや保管コストなどを考えなくてよいネットショップに、実店舗が価格面で対抗しようとしても難しいですね。

インターネットの隆盛はビジネスにとって好都合な側面もありますが、多くの店舗にとって存続を左右しかねないネガティブな影響があります。といってインターネット利用の普及拡大を止めることはできません。ネガティブな側面を打ち消す魅力を店舗が備えるとともに、上手にインターネットを利用して、ブランド向上や直接的な集客改善をめざすのが上策です。ただ、それにも投資が必要になるでしょう。

売上を維持していても利益が上がらない現実

こうしたトレンドが指し示していることを私流にまとめると、「店舗ビジネスでは売上を維持していても利益が減少する」ということです。

2018年10月に、吉野家ホールディングスが3～8月期として8期ぶりの赤字決算を発表しましたが、実はこのとき、同社は同期初の売上1000億円を達成しており、既存店の売上は4％も向上していました。それでも、8億5000万円という損益を出してしまったのです。その要因は、原材料費と、人件費を含む販管費の高騰です。コスト管理に優れていると言われる同社でさえ、売上が上がっていても利益を出すことができず、赤字になってしまったのです。これは同社の特殊事情ではありません。同じことが、すべての店舗ビジネスで起きています。同じ売上を上げるために、これまで以上の経費が必要になる傾向は、これから先も続くことが明らかに目に見えています。

一度の失敗から「敗者復活」するのは難しい

経費がどんどん増える一方では、そこそこ売上を上げていても、利益が減っていきます。これをそのままにしておくと、どうなるでしょうか。手元のお金がなくなってしまいますね。手元のお金とは、現金（キャッシュ）収入から現金支出を引いた、いわゆるキャッシュフローのことですね。これがマイナスになると、たとえ会計上の収支が黒字であっても倒産することがあります。手持ちの現金から仕入や人件費などを差し引いてマイナスになり、預金口座から補填しても足りない場合は支払いができなくなって、ジ・エンドです。中小企業ではそんな黒字倒産のケースが珍しくありません。

先ほど会社が倒産することが最大のリスクと書きましたが、実際は**運転資金がショートしてしまうことが直接のリスク**です。倒産は運転資金のショートの結果です。

運転資金が足りなくなると予想されたら、お金を借りることになります。特にスタートアップ企業では、資金の大半が銀行だのみになりますが、その場合、融資の条件として、社長本人が会社の連帯保証人になり、個人保証をすることが求められます。連帯保証人になった会社が倒産し、会社資産を全部整理しても借金が返せないと、個人の資産が没収されます。それでも足りなくて、万策尽きた場合は自己破産するほかなくなります。そうなると一切の社会的信用が失われてしまいますから、ローンも組めず、クレジットカードもつくれず、銀行融資などは絶対に不可能になってしまいます。その状態は10年は続きます。こうなると、経営者としての「敗者復活」は、事実上、たいへん難しくなります。

新しく起業した会社で1年後も残っているケースは40％しかありません。5年後ではそれが15％、10年後では6％です。20年後では0・2％、30年後には0・03％の会社しか生き残れないのが現実です。現在、個人事業主を除いた法人として、およそ年間12万社が設立されていますが、30年後には36社しか残らないということになります。

倒産リスクを回避するための多店舗展開

では、どうしたら資金ショートを回避できるのでしょうか。私は「多店舗展開」が最も確実な回避策だと考えています。なぜそう言い切れるのかといえば、多店舗展開には次のように、非常に多くのメリットがあるからです。

多店舗展開の15のメリット

- 大量仕入れによるスケールメリットを活用して原価や経費を下げられる
- 地域において自社商圏を確立しながら競合店の出店を防止できる
- 接客面、集客ノウハウ、繁盛店の秘訣など、成功ノウハウや失敗ノウハウが蓄積できる
- 多店舗化による認知度アップによるチェーン経営が実現できる
- 店舗数が増えることによる撤退基準や失敗パターンが明確になる
- 物件選びの精度が上がる
- 店舗数が増えることによるブランディング効果で人材調達が容易になる
- ブランディング効果により、金融機関からの資金調達が容易になる
- 年々高騰しているコンプライアンス対応コストのための原資確保ができる
- 業態寿命による急激な集客減、売上減などによるリスクを回避できる
- 1店舗の業績に左右されない多店舗展開によるチェーン経営が実現できる
- 社内のれん分けを含めたオーナー輩出により、従業員のキャリアパスが豊富になる

・繁盛店の秘訣を体系化し、コンセプト設計、営業支援などのコンサルビジネスが実現する
・社内接客コンテスト、社内イベントをからめ、店長や従業員の成長の場が提供できる
・多店舗展開メリットを最大に生かし、あらゆるコストや経費を下げ、利益率を改善できる

これらメリットの一部は後の章で詳しく解説していきますが、特に読者の皆さんに知っていただきたいのは、こうしたメリットを通して、社長の役員報酬を増加させることができることです。少し突飛な感じがするかもしれませんが、これは重要なポイントです。

経営者の報酬を1000万円以上にするために

一般に資金調達には融資元の信用をとりつけることが不可欠です。役員報酬を抑えて運転資金に回したいと思う経営者は多いのですが、銀行はそのやせ我慢を理解してくれません。それよりは、むしろ役員報酬を増やして自分の手元にできるだけ現金をつくることのほうが、信用力につながります。銀行は、信用力のある社長が個人保証をつけてくれるなら、会社に融資をしたいと考えています。ですから、経営者の資産は大事です。会社は赤字でも倒産しませんが、経営者の資産がなくなると、たちまち資金ショートして倒産するのが実態なのです。

さて、あなたの報酬は今、どのくらいですか？　その報酬で銀行が安心して融資してくれるだけの資産が何年後につくれるでしょうか。一般的な飲食店経営者の平均年収はおよそ600万円前後です。サラリーマンの平均給与が422万円（2016年）ですから、少し多いようですが、ボーナスも有給休暇もなく、リスクを背負いながら毎日働く飲食店経営者にしてみれば、割に合わない印象ですね。実際、厚生年金に加入しておらず、老後の不安を抱える経営者は多いのです。老後のための資金を貯えることも考えながら、対外的な信用力をつけるには、私は**経営者の報酬は1000万円を目安にする**ことをお勧めしています。

個人規模のお店1店舗で年収1000万円を実現するのはたいへん難しいですよね。例えば年商5000万円のお店で、経営者が役員報酬を1000万円取ってしまうと人件費がほとんど捻出できなくなります。一般に飲食店なら食材費が30%、人件費が30%、合わせて60%に抑えないと利益が出にくい構造になっていますから、人を雇うお金は年間で500万円しかありません。これでは雇える人数は知れています。すると、経営者自身が現場に立ち、オーナーシェフ、オーナー店長となって働かなくてはなりませんね。

では、あなたは何歳まで現場で働きたいでしょうか？　相当の高齢になっても続けられる方もおられますが、次の世代に、そんな運営状態のままバトンタッチしたいとお考えの方はそう多くはないでしょう。1店舗の経営には、おのずから限界があります。その限界を突破し、会社を適切に経営しながら役員報酬を増額できるのが、多店舗展開の大きなメリットです。

なぜそんなことができるのでしょうか。それは、1店舗や2店舗でのビジネスでは絶対に得られないシナジー効果（相乗効果）が生まれるからです。ある要素が他の要素と合わさることにで、単体で得られる以上の結果が生まれます。これについては次の節で解説します。

把握しておくべき多店舗展開のデメリット

多店舗展開のメリットを述べましたが、次にデメリットを挙げてみましょう。これはそのままあなたが不安に感じているポイントではないでしょうか。

多店舗展開のデメリット

- 出店が増えるのに応じて固定費・変動費が増大する
- すべての店舗が成功するとは限らないので、不採算店ができたときに、ドル箱店の足を引っ張るリスクがある
- 他の店舗と商圏を食い合う可能性がある

・1店舗で不祥事が発生すると、全店が風評被害の影響を受ける
・その他の管理全般が複雑化し、負担が増える
・社長と従業員の間に距離ができ、営業利益が落ちる可能性がある
・社長と末端の従業員の間に中間管理職が入るため、売上に関わらない管理コストが上がる

これらのデメリットの中には避けられないものもあり、仕組みづくりを適切に行なうことにより解消可能なものもあります。例えば社長と従業員との距離が遠くなることによる悪影響などはいわゆる「大企業病」ですが、上手な仕組みづくりと人材育成により予防が可能です。また、デメリットが避けられなくても、諦めずに改善努力を続ければ極小化できます。多店舗化の成功法則に沿って、ビジネスモデルと経営戦略を絶えず修正・改善していけば、メリットはデメリットを必ず上回ります。

まずは、多店舗展開にはメリットと同時にデメリットもあることを、事実として受け入れてください。ただ、デメリットは適正な多店舗展開を行なうことで、一挙に帳消しにすることができます。多店舗展開のシナジー効果には、それだけの威力があるのです。店舗ビジネスを将来にわたって維持・発展させるには、多店舗展開が最善の道だと私は考えています。

2 多店舗化は利益率改善を目的にしよう

「中小企業と吹き出物は大きくなったら潰れる」という格言（？）を聞いたことがおありかもしれません。「事業規模の拡大は時代遅れだ」という声もよく聞きますね。でも、そうした指摘は一面の真実であって、必ずしもすべてに当てはまるわけではありません。もちろん間違った多店舗化はリスクを大きくしますし、大規模総合チェーン化は確かに時代遅れになりつつあります。しかし、現実の中小規模の店舗ビジネスは「大きくならなければ潰れる」可能性のほうが大きいのが真実です。「大きくなったら潰れる」という警句は、「大きくなるにつれて変化させていくべき経営戦略や手法を、小さいときのままの状態で使い続けようとしたら潰れる」と言い換えるべきだと思います。また、店舗の品揃えや売り場面積をひたすら大きくする店舗のスケールアップではなく、**同等規模の店舗を分散して増やしていくスケールアウト型の拡大、つまり多店舗展開による事業拡大は、時代遅れどころか最先端をいく事業拡大の選択肢**だと思っています。

どうしてそう言えるのか、一例を挙げましょう。前節では経費の膨張が問題だと指摘した

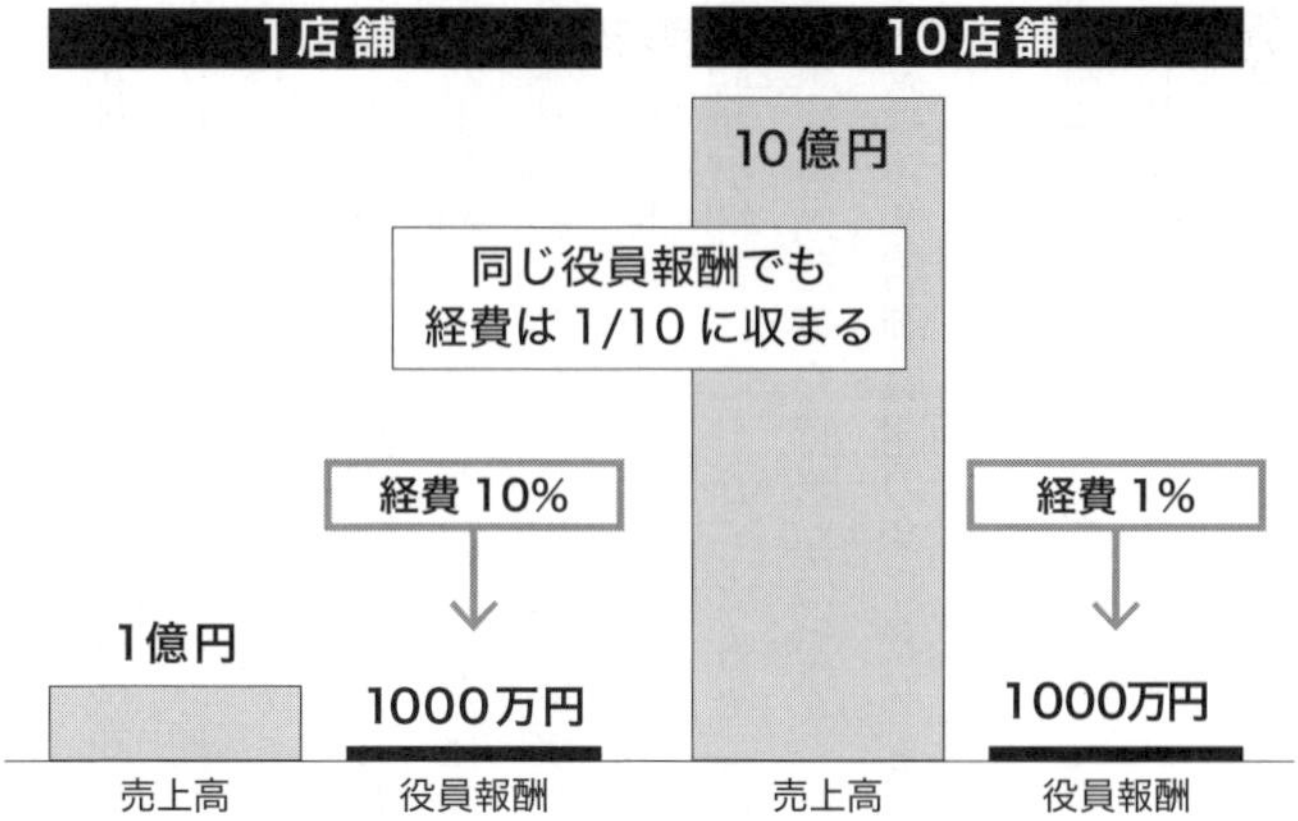

図２　１店舗の場合と 10 店舗の場合の経費の対売上比

一方で、経営者の報酬は１０００万円以上をめざすべきだと述べました。これは一見すると、矛盾していますね。でも多店舗展開によれば、その矛盾は複数店舗のシナジー効果が解決してくれます。

売上と報酬の比率を考えてみましょう。仮に売上1億円の店舗だけで１０００万円の報酬をとるとしたら、その比率は10％です。経費が増えるなかでの10％ですから、経費はますます削減しなければならず、多くの場合、従業員の人件費にしわ寄せが及びますから､従業員が「社長が儲け過ぎ」だと反発する可能性もありますし、人員を抑えることでサービス品質が低下し、お客様が離れていくことも考えられます。

一方、上図のように、同じ売上の店舗が10店舗あれば、役員報酬の比率はわずか1％になります。

1店舗の売上を10倍に拡大するのはとても難しいですが、10店舗を上手に展開すれば、会社全体の売上10倍は十分に達成可能です。1000万円の社長報酬は、売上の10分の1から100分の1になりますね。これなら、従業員の反発もなく、サービス品質を落とすこともなく、他の経費の増加分を吸収することも可能でしょう。現在、業績が順調でボーナスが支給できる会社の社長報酬は3300万円程度です。それだけの報酬をとったとしても、全体の売上の約3％にすぎないことになります。売上との対比では、それほど大きな割合ではありませんね。これが**「規模の経済」原理**であり、シナジー効果の1つです。

前節に掲げた「多店舗経営のメリット」はすべて、こうしたシナジー効果によるものです。多店舗展開は、これからどんどん厳しくなる店舗ビジネスの世界で局面を打開するためにますます有効に働く戦略なのです。

では、多店舗展開のメリットをもう少し詳しくみておきましょう。

①原価・経費が抑えられる

まず直感的にご理解いただけそうなのは、規模が拡大すれば、それだけ大量に商品や食材を仕入れることができて、原価や経費を抑えることができるということです。小売業や飲食業の方は当然「規模の経済」をいつも意識しておられることと思います。これは非常にわかりやすいシナジー効果です。

②人材難やコンプライアンスコスト高騰に対応できる

次に、人材不足という難しい課題に対してもメリットがあります。1つは多店舗展開をすれば、店舗ごとの従業員の数を抑えられるという点です。1店舗で3人の社員が必要だった会社が3店舗を展開したときに、単純に3×3で9人必要になるかといえば、それは違います。適切にシナジーを効かせれば、実際の経験則として、必要な従業員数は7人にできるのです。例えば商品設計の担当者や間接部門の担当者などは、1店舗に常に1人が必要なわけではありません。店舗のオペレーションに直接関わるスタッフの業務以外は集約したほうが合理的に仕事ができる場合が多く、人が少なくなっても業務効率はかえって向上します。

また規模が拡大すれば、従業員のポストが増えることも重要です。単純に考えても、1店舗では店長は1人だけ、各業務の管理職の数も限られます。管理的な仕事をしたいと思い、その能力がある人でも、ポストが空かなければ実力を発揮する機会がありません。店舗の数が増えれば、店長をはじめ管理職のポストも増えることになります。店長になりたい人はもちろん店長への指名を得るためにがんばるでしょうし、全体の管理には自信がなくてもある業務についてはだれにも負けないという人は、その業務のリーダーとして力を発揮してくれることでしょう。ポストに空きがなければ、そのポストをめざすモチベーションが生まれません。多店舗化を進めれば、ポストはいくらでも増えていき、従業員のキャリアパスの選択肢が増えていきます。従業員それぞれの長所や強みを生かして活躍できる道を示すことが個人の成長を促すことになり、結果として人件費のコスト効果が大きくなります。

また、モラルハザードの問題に対応するコンプライアンス維持・向上のためのコストが増えていることも大きな問題ですが、多店舗化を正しく進めれば、このコストも抑えることができます。次の章で詳しく説明しますが、会社には理念が必要で、理念に基づいた業務ルールをつくって従業員に浸透させていくことが、多店舗化成功の条件になります。人の考えは予測できませんから、すべての行動に対して「これこれをしてはダメ」と言い続けることは不可能です。**理念を示し、それに反する行動を従業員自身の判断で慎むようにしていくのが、正しい多店舗化の進め方**です。また従業員1人ひとりが自分の得意な領域で実力を発揮し、成長できる職場なら、仕事に誇りをもてて、理念に反する行動を慎むように自然になるものです。これが、教育コストや従業員管理コストの上昇抑制につながります。

さらに大事なのは、職場が働きやすくなることです。多店舗化には、利益が上がりやすい仕組みづくりが前提になります。業務を整理し、生産性を最大にする仕組みができれば、従業員の残業、長時間労働を低減できるし、賃金も上げられます。労働条件が他社よりも改善できれば、定着率は上がり、新規求人でも他社よりも優位に立つことができるでしょう。

③ 競合他社の進出や業態寿命に関するリスクヘッジとなる

また、競合他社の進出や業態寿命が尽きかけた場合、１店舗での経営は多大な打撃を被るため、その時点で資金ショートする可能性が高くなります。一方、多店舗展開していれば、上り調子の稼げる店の利益で、打撃を受けた店のマイナスを埋めることができます。

例えば、１００万円の利益がある店の商圏に、ある日突然競合店ができたら、たちまち売上が20％も落ちることがあります。そうなると利益はわずか20万円ほどに激減してしまいます。そのときに、別の商圏での店舗利益があれば、当面は耐え忍ぶことができるでしょう。業態寿命が尽きかけた場合でも、別業態の他店舗の利益で補填して、会社は存続できる可能性が高くなります。そのようなリスクヘッジができるのが、多店舗展開のメリットの１つです。

④多くの事業展開からさまざまな経営ノウハウを蓄積できる

さらに多店舗化を進めれば進めるほど、経営が上手にできるようになることも見逃せません。1店舗では経験できないさまざまな事業を経験することにより、多様な経営ノウハウが蓄積できます。それは目の前の課題に対していろいろな角度から解決策を見出す視野の広さをもたらしますし、新しい商品や業態を開発するベースにもなります。

⑤ブランディングによる求人・集客が可能

特定地域での10店舗程度の多店舗展開ができれば、その地域の人は「○○ならあの会社、あのお店」と、社名や店名を覚えてくれて、親近感を感じてもらえます。さらにお客様からの評判がよければ信頼感も高まります。社名、店名の認知が広まり、他社よりも上位のブランドとみなされるようになれば、集客にも生きますし、求人の際にも会社名を見て応募してくれる人が増えます。今、学生の就職先として人気があるのは、一流企業というより有名企業です。中小企業であっても、地域に密着して多店舗展開している企業なら、その地域の求職者に選んでもらえる可能性が高くなります。多店舗展開の方法を間違わなければ、会社のブランディングにも成功します。

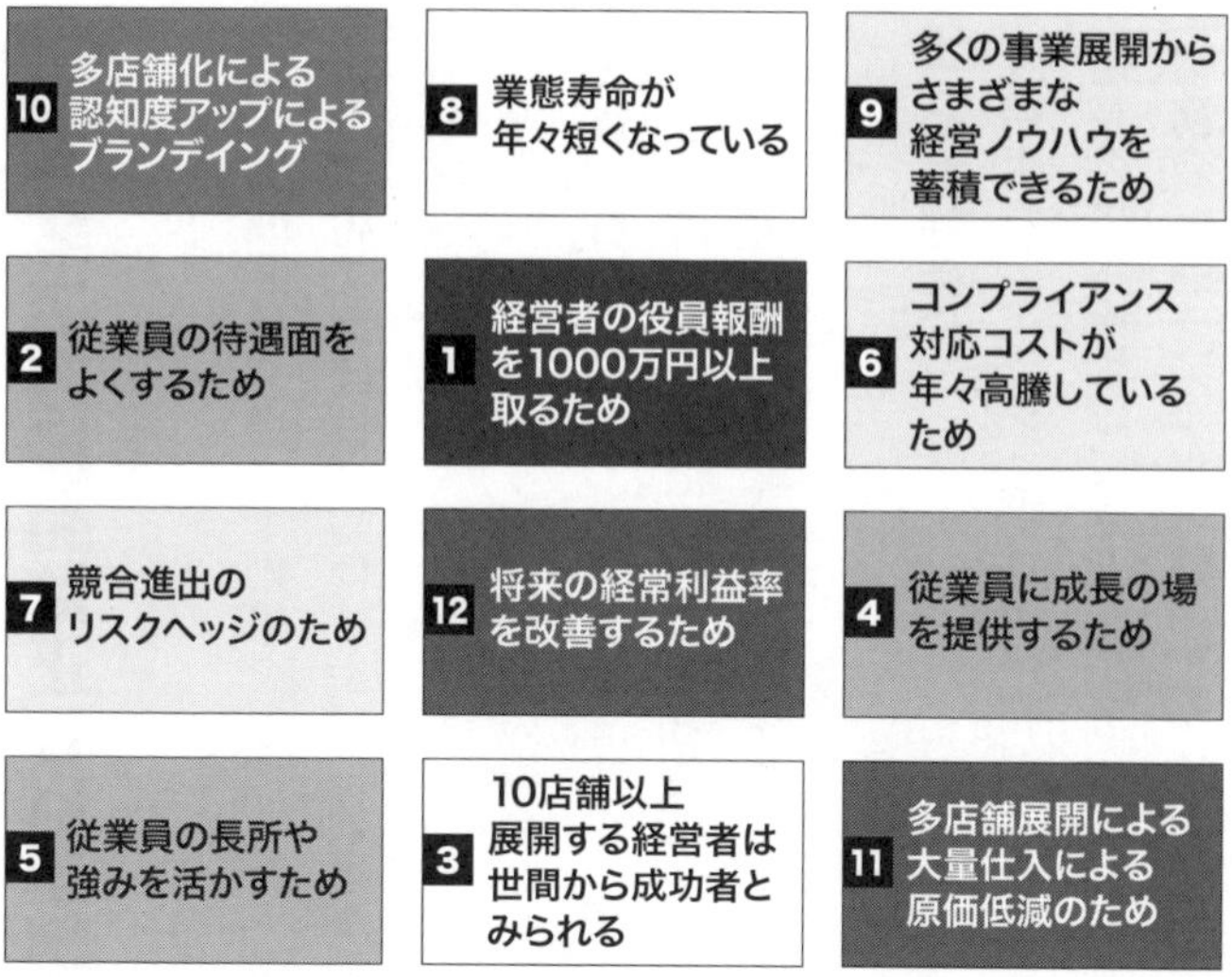

10 多店舗化による認知度アップによるブランデイング	**8** 業態寿命が年々短くなっている	**9** 多くの事業展開からさまざまな経営ノウハウを蓄積できるため
2 従業員の待遇面をよくするため	**1** 経営者の役員報酬を1000万円以上取るため	**6** コンプライアンス対応コストが年々高騰しているため
7 競合進出のリスクヘッジのため	**12** 将来の経常利益率を改善するため	**4** 従業員に成長の場を提供するため
5 従業員の長所や強みを活かすため	**3** 10店舗以上展開する経営者は世間から成功者とみられる	**11** 多店舗展開による大量仕入による原価低減のため

図３　多店舗化を行なう理由＝シナジー効果によるメリットの例

　このようなシナジー効果をどれだけ生み出せるかが、多店舗展開のポイントです。前述のように、人件費や原材料費など経費の高騰により、1店舗や2店舗の経営では経費削減に限りがあり、利益は少なくなる一方です。現状維持という選択を否定するわけではありませんが、将来を考えると、多店舗展開よりもリスキーなのではないかというのが、私の考えです。

　どうせリスクをとるなら、多店舗展開によるシナジー効果を最大に活用できる道を選ぶほうがお勧めです。

　ぜひ、失敗しない法則を学んで、多店舗化への一歩を、安全に踏み出していただきたいと思います。

3 多店舗展開は正しい手順で進めよう

多店舗展開はシナジー効果をもたらし、数々のメリットがあることを紹介しましたが、たくさん出店すれば自動的にシナジー効果が生まれ、メリットが得られるのかといえば、それは違います。なんでもそうですが、うまいやり方をすればよい結果が生まれ、悪いやり方をすると失敗します。多店舗展開の場合、やはり「正しい手順」を踏んで展開しなくては失敗を呼びこむことになってしまいます。

ここでは、多店舗化に踏み切る前にクリアしておくべき3つの条件と、その条件を満たした後、3店めの出店までに行なうべきことについてお話ししたいと思います。

3つの前提条件

・既存店のキャッシュフローが潤沢であること
・店長の権限を委譲できる、自分の分身のような人材がいること
・業務のマニュアル化・標準化ができていること

1～3店の出店にあたって行なうべきこと
・ドミナント出店

営業利益率は15％を確保し、キャッシュフローに余裕をもつこと

多店舗展開を考えるとき、当然ながら資金が必要です。資金として使えるのは手持ちの現金（キャッシュ）です。キャッシュがなければ、出店に必要な物件の契約もできませんし、人を雇うこともできません。キャッシュの不足分は金融機関からの融資で補填することはできますが、金融機関は経営状態を審査して融資可能かどうかを判断します。基本的には利益が出ている会社かどうかが判断基準です。

多店舗展開を図るなら、既存店で営業利益率15％以上を計上していることが条件になります。それだけの利益が出ていなければ、出店を考える前に既存店の利益率改善の努力をして、キャッシュを手元に貯めてください。15％という数字はなかなか厳しいハードルのように見えますが、健全な多店舗展開をしている企業ではこのくらいの利益率を当然のように計上しています。また、フランチャイズ展開している企業の加盟店では、ロイヤリティーとして飲食業界なら５％、介護業界では８％、スクールでは10％前後を支払い、残りの利益の中から

金融機関への借入金返済を行ったうえで、15％以上のキャッシュフローを確保しているのです。フランチャイズ加盟店ではないあなたの店にはロイヤリティーの支払いはありませんから、フランチャイズ加盟店より有利なはずですね。多店舗展開に成功した企業にならい、またフランチャイズ加盟店に負けないように経営を合理化すれば、既存店のキャッシュフローの改善、営業利益率改善は十分に可能です。現場と経営との距離が近い会社であればこそ、外部からの指導などがなくても、今の店舗の営業利益率を上げていけるはずです。

なお、現金が必要になるのは新規出店の場合ばかりとは限りません。実は出店してはみたものの、さまざまな理由で将来立ち行かなくなることが見えてくることも多いのです。その場合は、無理に店舗維持を考えずに、その店舗だけ撤退する選択をしたほうがよいことがあります。いわゆる「損切り」ですね。しかし撤退するといっても無責任にほったらかしにはできません。例えば美容室の場合は、内装・設備などの撤去費用がかなり高額になります。飲食店の場合も同様です。内装・設備をそのままにして（居抜きで）賃貸物件を出られるのか、出店前のスケルトン状態に戻さなければならないのか、契約は普通契約か定借契約か、1年で撤退したときの除却損費（固定資産を破棄処分したときに発生する費用）はいくらになるのか……こうしたことをすべて計算し、撤退コストを正確に計算しておく必要があります。これは「出口戦略」とも言いますが、場合によっては1年で撤退する可能性もありますから、最初から撤退コストを見越してキャッシュの用意をしておくのが理想的です。そのためにも、既存店の営業利益率は高ければ高いほどいいのです。

従業員を指揮できる人材に権限を委譲せよ

資金面がクリアできても、店舗運営が任せられる人材がなくてはなりません。他の会社で経験を積んだ人を雇うという方法もありますが、大事なのは、その人が自分の分身のように、同じ目標をもって同じ方向性で考えることができるかどうかです。これまで一緒に店舗運営をがんばってきた仲間としての従業員の中から、適任者を選ぶほうが成功確率は高いと思います。

もし現在の社内に適任者がいなければ、候補者を意識的に育成していき、任せられる人材に育てていかなければなりません。焦らず、安心できるスキルや考え方ができるようになるまで、時間をかけてもいいのではないかと思います。

さらに、その人に自分の権限を委譲することが大切です。店長になる人の裁量権があまりに小さくては、その人自身にやる気がでないし、部下になるスタッフもなかなかついていきにくいでしょう。会社全体の統率がとれる範囲内で、できるだけ大きな権限を与えることが必要です。

業務のマニュアル化、標準化は必須

1店舗の経営では、現場の業務ごとに1人か2人の責任者がいればよく、その人が一番合理的に思うやり方で業務プロセスが決まっていると思います。中には、社長だけが正しい業務の進め方を知っているという場合もあるでしょう。そのような場合、業務プロセスは人の頭の中だけにあります。それを人に伝えるのに、その人がそこにいなければならないのでは、複数店舗の業務は回りません。また、従来の業務プロセスが、確実に合理的・効率的であると言える根拠もそこにはありません。

「あの人にこうしろと言われたから」やっている業務では、プロセスを改善することができないのです。なぜそのプロセスが必要で、やり方がこうでなければならないのかを、誰にでもわかる形にしておくことが重要です。それには、**業務プロセスの言語化**が必要です。それを冊子の形にできれば「マニュアル」ですし、「業務手順書」とか「ノウハウ集」でもかまいません。そこに業務に詳しい人がいなくても標準的な業務プロセスが体系的にわかり、成功ノウハウ、失敗ノウハウが言葉になっていることが重要です。言語化の時点でおかしなプロセスを発見したら是正し、無駄なプロセスは廃止することもできるでしょう。「業務の棚卸し」を完璧にするのはたいへんですが、業務の標準化をしていく方向で、中心的な社員が業務のそれぞれを、徐々に言語化、体系化していくことは、そう難しくはありません。これがいわゆるマニュアル化です。マニュアル化については第４章で詳しく説明します。

前提条件が整ったら、いざ、ドミナント出店

ここまでが多店舗展開の前提条件です。これらの条件をクリアできて初めて、出店を計画することができます。ですが、このとき「全国展開したいから」とか「政令指定都市を商圏にしたいから」というような理由で、地理的に離れた場所に出店する人があります。これは絶対に失敗します。

なぜなら、多店舗展開のメリットは複数店舗のシナジー効果がなければほとんど得られないからです。**シナジー効果をより出そうとすれば、店舗と店舗の距離は近いほうがいい**のです。

その理由は簡単な話です。例えば東京でずっと営業してきた社長が、突然大阪に行って出店に最適な不動産を探し出せるでしょうか。物件属性がどんなによくても、その地域の客層

や嗜好、実際の人の流れや時間帯別の人口など、売上にかかわる条件はその土地土地でまったく違います。それをよく知らずに売上推定をすれば見誤るのは確実です。また仕入先や輸送ルートも開拓しなければなりませんし、従業員を雇うのも大変です。店舗オペレーションで何か問題があったときに、すぐに社長や上級管理職が駆けつけることもできません。

よく知っている地域で、仕入先などパートナーになる会社を変えなくて済み、従業員もほぼ同じ地域で募集できて、何かあれば管理職やスタッフがいつでも駆けつけられ、アルバイトに欠員があれば臨時に他店舗から応援を出すというようなことができれば、シナジー効果が生まれます。

店舗間の距離はどのくらいが適切かといえば、私は徒歩か車で5分〜10分で行ける距離をお勧めします。この距離なら、既存のお客様に新しい店舗を紹介できますし、スタッフのやりくりも難しくないからです。1号店の、いわば「離れ」的なイメージですね。

また、新しい店舗では既存店舗と同じくらいのスタッフが必要ですから、開店前に人材募集をすることになります。採用ができたとしても、新人スタッフがその日からちゃんと働けるわけではありません。一定の期間は研修やトレーニングが必要です。研修やトレーニングの場は既存店になりますから、スタッフ数が既存店で5人、新店舗も5人としたら、まずは

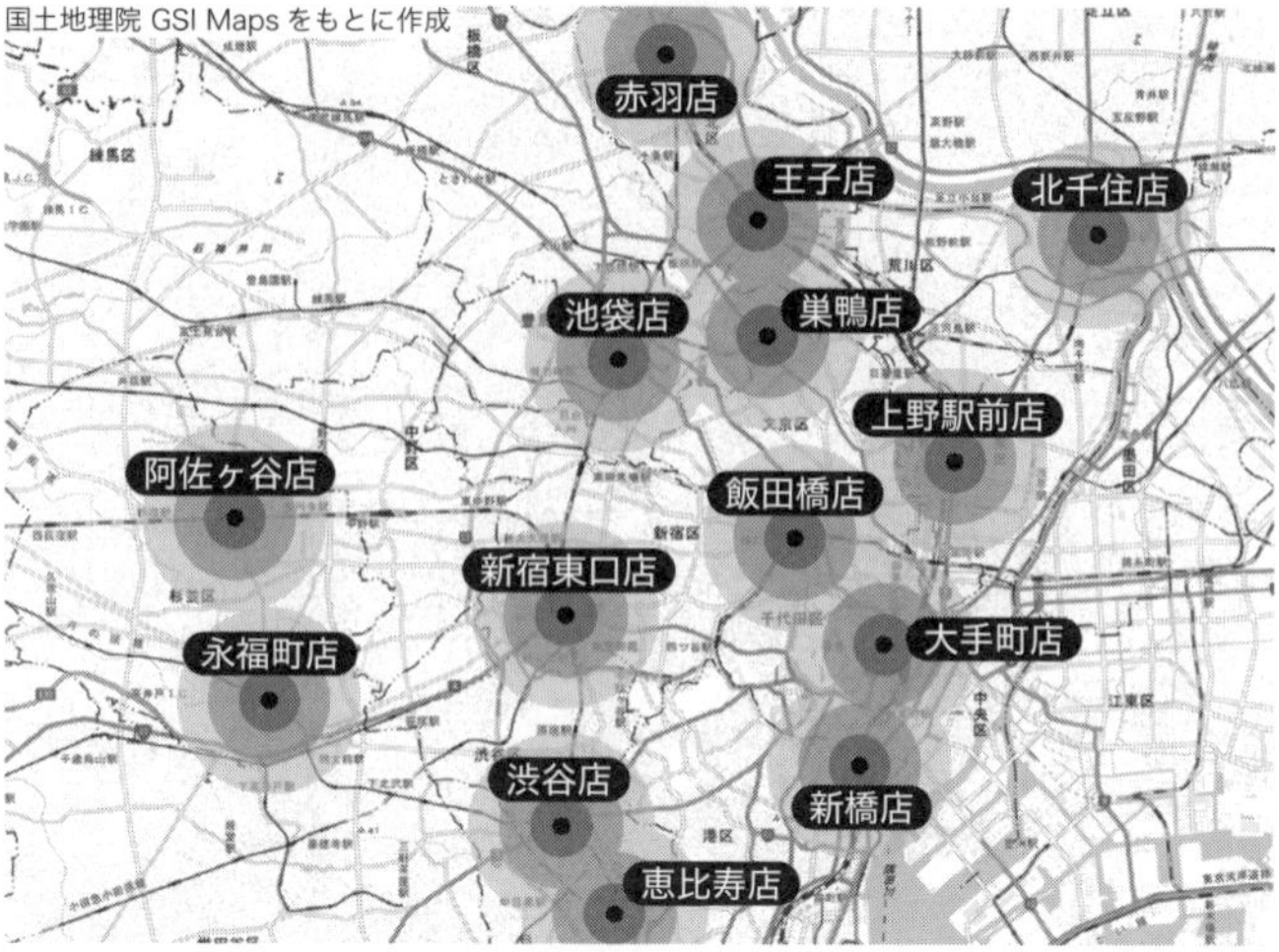

図４　ドミナント出店のイメージ
円の中心が店舗、外側のグレー部分が商圏

既存店を10人に増やさなければならない理屈になりますが、それでは既存店の人件費が倍になって、利益が少しも残らないようになってしまいます。

ですからスタッフの増員は、既存店で2～3人というところが限度です。その陣容で軸となる人材を育て、新店舗の中核となる人を2人くらい選んで新店舗を任せます。既存店のベテランメンバーを選べば、業務は心得ていますから、新店舗のほうで新規に採用した人材の研修やトレーニングを行なうようにすると、人件費を抑えることができます。店舗が離れていると、ベテランメンバーの異動が難しくなりますし、何かあった場合の他店舗からの応援も難しくなりますから、この面でも、店舗間の距離が近いことが有利に働きます。

このような事柄を考慮して、少なくとも最初の3店舗までは、業態、ブランドを変えずに、同一の地域に出店するようにするのが鉄則です。これを「**ドミナント戦略**」といいます。

1店舗の売り上げ減少を怖れるな

ドミナント戦略は、特定地域に店舗を増やしていく出店戦略です。これはセブンイレブンやスターバックスなどが得意にしているビジネスモデルです。駅前に店舗ができたかと思ったら、そこからそう離れていない別の一角に同じ会社の店舗がまたできる。品物も売り方も同一です。「こんなに近くに同じような店を出したら共食いになるんじゃないか」と思って見ていると、なかなかどうして、両方の店にお客様が入って繁盛しているようです。これは、その会社の出店戦略が的を射ていて、一見競合し合うように見えてもそれぞれに別のお客様が取り込めるように出店しているからです。このようにいわば「縄張り」ができてしまうと、競合する同業他社はその地域の出店をためらってしまいます。複数の店舗によってその地域全体を商圏に収めてしまえば、競合が入り込む余地がなくなるわけですね。

このような出店はもちろん、同じ会社の店舗がお客様を取り合う可能性をゼロにはできませんから、1店あたりの売上は落ちるのが普通です。おそらくセブンイレブンであってもそれは同じでしょう。それでも会社としては儲かっています。それは特定地域の中でもどこに出店すれば全体としてどれだけ売上があるのかを、事前に時間をかけて精密に分析しているからこそできることです。その分析精度は一般の中小企業にはとうてい太刀打ちできないほどです。中小の飲食店や小売店にはそこまで調査・分析にコストをかけることはできないし、狙った場所の物件を確実に手に入れられる資金力もないのが普通です。しかし、このビジネスモデルの考え方を理解し、自分の業態に当てはめて応用することは可能ですし、そこまで資金力がなくても実効性のある施策ですから、手本にする価値はおおいにあります。

ドミナント戦略をとると、1店舗がカバーできる商圏が狭まり、売上効率が落ちる現象も起きますが、材料の配送などのコストは店舗が増えたからといって2倍にはなりません。また、広告も同じ業者を使い、場合によっては店舗共通の広告にすることができます。チラシの印刷コストなどは部数が増えたからといって単純に高くなるわけではありません。大量に刷れば刷るほど安くなります。そのほかの広告についても、工夫次第で店舗あたりのコストは安くできます。また、配送や広告のために必要な業務量も少なくなり、担当者も増員せずに済むことが多いはずです。

さらにその地域での店舗が増えていくと、他の地域では無名であっても、その地域内での知名度は高まります。競合他社が入り込めないように面的にカバーできるようになると、会社はその地域で一番の、一流ブランドとみなされるまでに成長できます。

そうなった後、できれば隣接した地域への出店を計画していくのが、安全で確実な方法です。どんどん一番をとれる面積を広げていく中で、多店舗展開に必要な知識やノウハウが身についてくるでしょう。全国展開や、見ず知らずの巨大都市部への進出はその後で考えればいいのです。

地域の面的カバーで競合を排除

地域で一番のブランドとなれば、シナジー効果で値引きやキャンペーンなどがしやすくなり、さらに同業他社との競争を優位に進めることができるようになります。新規の競合店は出店しにくくなりますから、その地域内での商品値付けの主導権を握ることもできるでしょう。その業種・業態で独占的な立場に立てれば売上の変動リスクがなくなりますし、対競合のための戦術的な値引きの必要もなくなります。もちろんあまりに高額な値付けにすると競合が入り込む余地を与えますから、ほどほどにしなければなりませんが。

つまり、1店舗あたりの売上にこだわらず、全体を考えることが成功の秘訣です。部分的に見れば非合理であっても、全体でみれば合理的なことは、いくらでもあります。大局に立って戦略的に行動することが、多店舗展開には絶対に必要な要素です。

なお、インターネットでは商圏などという概念が存在しません。競争はほとんど価格のみになってしまい、リアルな小売店舗はそれに対抗する術がなくなってきました。しかし飲食やサービスなどの業態では小売ほどの影響力はありません。ドミナント戦略はリアル店舗の出店戦略として、これからも有力な戦略であることは間違いないでしょう。

多店舗展開の最初の段階のお話をしてきましたが、実はこのような最初の1店め（2号店）、2店め（3号店）の出店がいちばん難しいのです。前提条件となるキャッシュフローが、1号店で実現していなければなりません。その1号店の売上は、新店舗ができるたびに当初は減少することが避けられませんし、2号店、3号店が軌道に乗るまで資金的、人的な援助が必要かもしれません。多店舗展開の産みの苦しみの時期です。ここを通り越せたら、次の出店ははるかにスムーズに進みます。

4 99・9％の経営者が知らない「多店舗化のメリット」を知ろう

「99・9％の社長が知らない多店舗化の真のメリット」という章タイトルにある99・9％というのは、私のセミナーに来ていただいた1500人の経営者の方々に「多店舗化の最大のメリットは何ですか」と問いかけたときの不正解率です。正解したのは、著しく急成長して30億円以上の売上を上げている会社の社長と、55億円以上の売上を上げている会社の社長の2人だけだったのです。でも、読者の皆さんは、問いかけの答えがもうおわかりでしょう。そう、「利益率が上がる」ことです。左ページの図を見ながらもう一度考えてみましょう。

10店舗に拡大すると利益率は倍になる

1店舗を経営していて売上が1億円、経常利益は300万円だとします。利益率は3％ですね。同じような売上が上がる店を増やし、10店舗になれば利益はいくらになりますか？

3000万円……ではありません。そこにはシナジー効果が働きますから、その効果を算入すべきです。私の経験から、利益率は3％のままではなく、6％から7％に改善可能です。

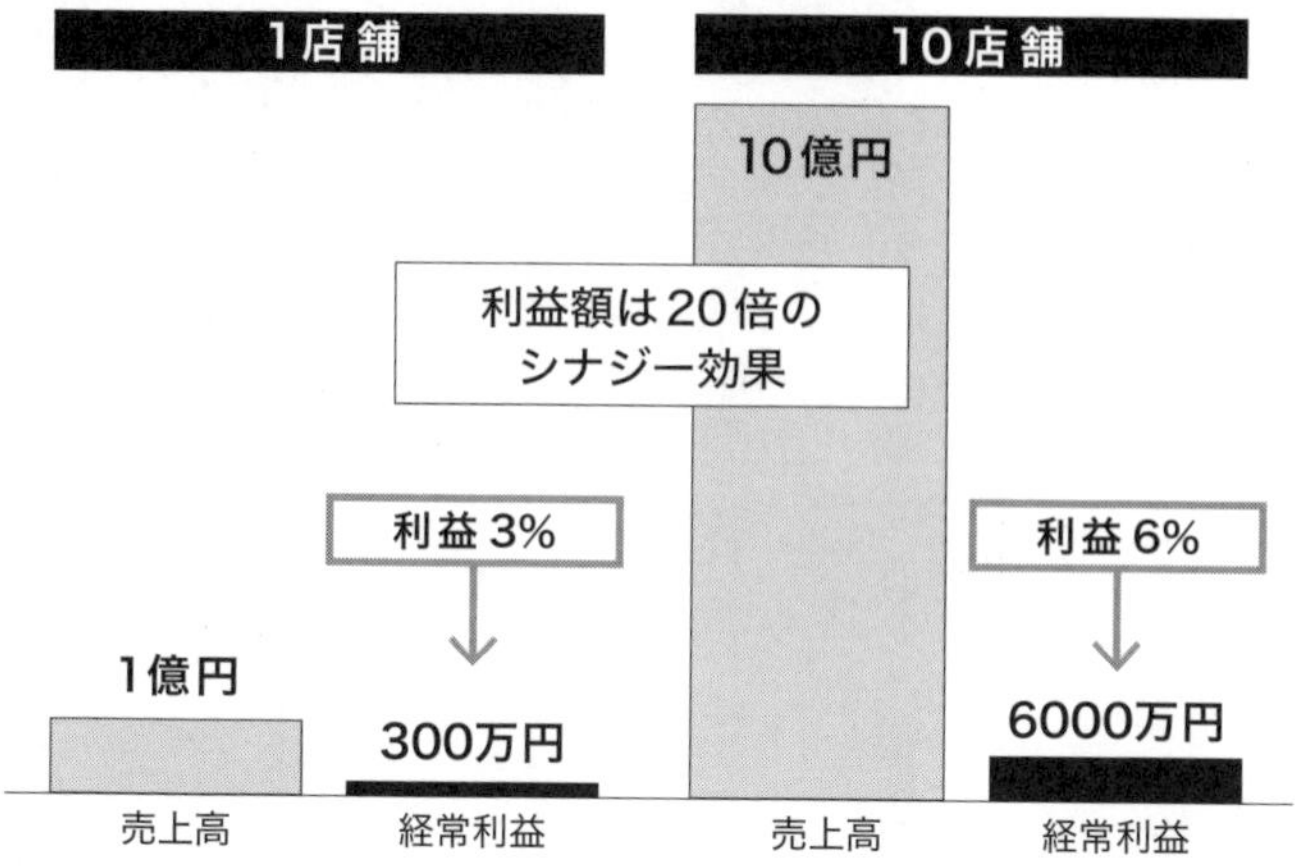

図５　10 店舗に拡大した場合のシナジー効果で利益額は 20 倍

するとどうなるかといえば、利益額は６％の利益率の場合で20倍の６０００万円に拡大します。

このようなシナジー効果が本当に出るのかどうか、まだ半信半疑かもしれませんね。間違った多店舗化を進めると、当然こんな効果は出てきませんし、店舗を多く出せば自然にこうなるということではありません。正しいやり方で多店舗展開した場合の話です。

むしろこのような効果が出るように戦略を立て、仕組みをつくりこむのだと考えてください。事実として、多くの会社でこのくらいの利益率が実現できているのです。もしどうしてもできないとお考えなら、多店舗化は止めたほうがよいでしょう。**シナジー効果を出せない多店舗展開は、莫大な損失を生むだけ**だからです。

10店舗で利益率を倍にするシナジー創出のポイント

シナジー効果を最大にしていくために第一に重要なポイントは、前述のドミナント出店により、経費を削減して利益率をよくすることです。例えば都心部西側の新宿店舗と、同じ都心部でも日本橋店舗では物流ルートが違い、お客様の属性が違い、求職ニーズも違います。一方、新宿区だけに10店舗を展開するとすれば、物流ルートは限定できコストは上がらず、お客様の嗜好もほぼ同一なのでサービスや内装・外装も変える必要がありません。人材募集も新宿区に限定した広告を1本出すだけで、10店舗分の求人ができます。

スタッフも10店舗それぞれに店長クラスの人材が貼りつかなくても、狭いエリア内なら1人で複数店舗に毎日顔を出すこともできます。全店舗に共通する間接業務は集約し、1人か2人のスタッフの専業、または兼業で遂行できるようになるでしょう。

人件費、交通費、物流コスト、その他諸々の経費が節減できるというわけですが、ドミナント出店では気をつけるべきことが1つあります。**当初は、可能な限り同一業態、同一規模での出店だけを行なっていく**ことです。そうしなければシナジー効果が出にくいからです。

例えば、飲食店の場合なら同種の食材を全店舗分仕入れて初めて仕入れ価格を安くすることができますが、まったくメニューが異なる別ブランドの店を出店してしまうと、同種食材の仕入量は少なくなり、コスト面でのスケールメリットが得られません。テーブルや椅子などの調度品や、さまざまな什器でもこれは同じですね。

また、ある店舗で蓄積されたノウハウが他の店舗で生かせないことも問題です。新しい業態に必要なノウハウ獲得に時間とコストがかかりますし、お客様が集中する時期などに、比較的閑散期の店舗から従業員を臨時に派遣しても、ノウハウがないのでうまくいきません。

どうしても業態が違う出店が必要だという場合であっても、例えば10店舗のうち5店舗が完全に同業態、残り5店舗もほとんど同業態で少しだけ見かけが違うブランドというような形でなければお勧めできません。できれば同一の業態、同一の管理方法・業務プロセスでやっていける店舗のほうがシナジー効果が発揮でき、利益率が上がります。

同じように、同一規模の出店を行なうほうがシナジー効果が期待できます。店舗の大きさは、ある程度まで会社の管理能力や店長のリーダーシップに比例していなければ失敗します。飲食店の場合だと、10坪の店なら17～18席くらいが収容でき、スタッフの在籍人数は5人くらいが標準的です。この形態で成功経験があると、次の店は30坪でもいいんじゃないかと考えてしまいますが、30坪の店だとおよそ50席が収容され、在籍スタッフとして15～20人が必要になります。3倍以上のお客様に対応するには店舗オペレーションを変えなければなりませんし、スタッフが3倍に増えるとスタッフ管理やシフト計画、人材募集方法など、さまざまな面で異なる施策が求められます。在籍スタッフが増えれば増えるほど、スタッフをまとめ、管理していく能力が問われます。5人のスタッフならうまく管理できた店長でも、いきなり20人の管理をしなくてはならないとなると、リーダーシップがうまくとれず、業績に悪い影響を及ぼしてしまうことが多いのが現実です。

店舗規模を大きくするには、人を管理する仕事のそれなりの経験値が必要なのです。ですから、当初は同一規模の店を増やし、次に15坪の店を出し、それがうまくいけば次は20坪の店にするというように、段階的拡大をお勧めします。まずは経験値を積み上げましょう。

以上が主なシナジー効果創出のポイントです。こうしたポイントに十分注意すれば、10店舗までの拡大で利益率を倍以上に伸ばすことが可能になります。

フランチャイズ展開なら利益率は急増

「10店舗ではもの足りない、もっと増やしたらどうなるの?」とお思いの方の参考に、10

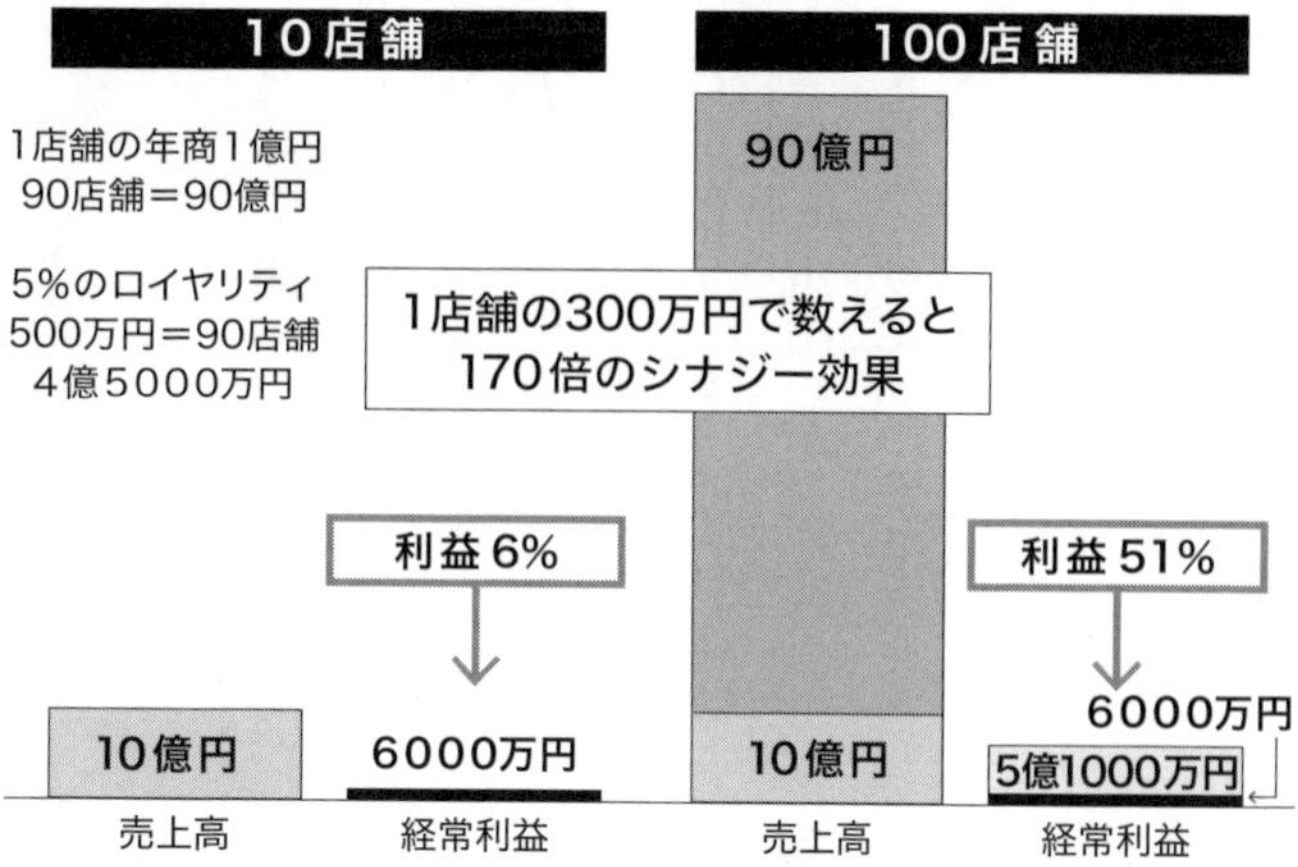

図６　フランチャイズであと90店舗を出店した場合、利益率は51%、利益額は170倍に拡大

店舗まで直営店を展開した後、フランチャイズ展開で１００店舗に増やした場合（上図）も見てみましょう。売上は合計１００億円です。そのうち90店舗はフランチャイズ加盟店ですから、加盟店からロイヤリティー（営業外収益）が入ります。それが売上の５％程度だとすると、５００万円×90店舗で４億５０００万円です。直営の10店舗の利益（営業利益）は６０００万円ですから、合わせて５億１０００万円の利益額となります。利益率にすれば、なんと51％ですね。利益額は1店舗のときの１７０倍という驚異的な増加になります。これが多店舗展開の凄さです。店舗ビジネスの上場会社はことごとくフランチャイズ展開をしているのもうなずけますね。

5 多店舗化に潜む「7つの魔物」に気をつけよう

多店舗展開の素晴らしい効用がわかりましたが、利益率向上という果実を手に入れるためにはいくつかの試練があります。私はそれを「7つの魔物」のささやきになぞらえて説明しています。どんな魔物がいるのかは次に述べますが、多くの経営者が魔物のささやきに負け、安全な多店舗化の方向を見失って失敗しています。

多店舗化は、最初に1店舗を増やすときに多くの労力と資金がかかりますが、2店舗の経営がうまくいけば、同じ手法で3店舗、4店舗と増やしていくことが比較的簡単になります。ところが5店舗めからそれ以上の店舗数に増やそうとすると、それまでとは違った課題が見えてきて、壁にぶつかるケースが多くなります。その壁を乗り越えられず、諦めてしまう人もいます。無理をしてぎりぎり乗り越えて7〜8店舗めくらいで立ちゆかなくなり、一部撤退して5店舗に戻る「Uターン5店舗組」もかなり多いようです。失敗組、Uターン5店舗組の社長の多くが、「7つの魔物」のささやきに屈しています。魔物は社長の欲に火をつけて、失敗に至る可能性が高いほうの選択肢を選ばせようとするからです。その誘惑に耳を貸さず、安全に多店舗化を進められる道を選べるかどうかが試練です。そこに誰もがつまづきやすいポイントがあるのです。「７つの魔物」のささやきは次のとおりです

①距離の魔物

この魔物は、「売上が上がるいい店舗用物件があるぞ」とあなたにささやきます。でもその物件は少し既存店から離れすぎているのです。しかしその物件が魅力的であればあるほどあなたの心はゆらぎます。多少の距離ならなんとかなると思って出店すると、シナジーが効かなくなり、新店舗の売上が上がらないか、既存店の売上が下がるか、どちらかの現象が起きて、全体として利益率を落としてしまう結果になります。仕入・物流・管理・コミュニケーション・フォローなど、本来ならシナジー効果が大きく現れるはずの要素が、この魔物にかかると効果が出ないのです。さまざまな誘惑があっても、シナジー効果が本当に出せるかどうかを基準に、次の店舗の場所を選ぶ必要があります。

②「ハコ」という魔物

「ハコ」というのは店舗の規模のことです。ここに潜む魔物は、「どうせなら店舗は大きい

ほうがいいよ」とそそのかします。同じ業態で出店するのだから、人員を増やしてお客様をたくさん呼び込んだほうがいいと思わせるのです。しかし、前述のように、5人で運営する店を複数にしていくのと、20人で運営する店を出店することには、マネジメントに必要なスキルに大きなギャップがあるのです。5人程度の少数精鋭でやっていく店には、社長もスタッフも一体になってともに戦う土壌が生まれやすく、社長が直接スタッフを指導することに抵抗感は生じにくいのですが、20人規模の店では、店長のもとに店舗独自の組織が固まり、社長が店長を介さずにスタッフを直接指導することをためらってしまうことが多くなります。店長への権限委譲はよいことではありますが、指揮系統が5人規模でのマネジメントとはまったく違ったものになるため、店舗運営が悪い方向に向かうケースも多いことを、頭に入れておかなければなりません。組織として大規模店舗を運営できる仕組みがまだ成熟しないうちに、実力と不釣合いに大きな「ハコ」に手を出すべきではありません。

③社内を空洞化する魔物

この魔物は社長やマネージャークラスの人に「難しい仕事はスタッフにやらせるより自分でやったほうが速いだろう」とささやきます。確かにそのとおりでしょう。しかし、それではスタッフが自分で考え、スキルアップする機会を奪う可能性があります。店舗ビジネスの初期段階では、現場でプレーヤーとして成果を上げてきた社長自身と、同様の体験をしてきた幹部社員が新規店舗のマネジメントを行なうため、現場に「こうすれば利益が上がる」などと細部にわたりアドバイスしてしまいます。もちろん目の前の課題解決にはそのほうがよい場合がありますが、その頻度があまり高いと、現場のスタッフはただ粛々と指示に従うくせがつき、自分で考え、解決する意欲が生まれにくくなってしまいます。

スポーツの世界では、一流のプレイヤーが一流のコーチや監督になれるわけではないとよく言いますが、店舗経営でもそのとおりなのです。

また、現場で叩き上げて実績を上げてきた店長は、往々にして全部の店舗の店長をやりたがります。その場合も似たようなことが起こります。その人が複数店の店長として采配をふるうことで、下につく人のキャリアパスを奪い、店長昇進などの上級職位をめざすのを諦めさせることになりかねないのです。キャリアパスに限界があるとなれば、士気が落ちるのは当然です。

つまり、社長や一部の優れた社員の配下に、言われたことをただやるだけの従業員がいて、中間には誰もいないという「**社内の空洞化**」が起きて、中間の社員が育たなくなる危険があるのです。適切に権限を委譲し、誰もが上級職位をめざせるようにすることが大切です。

④ 支店経営の魔物

コンセプト、メニュー、店舗規模、単価のそれぞれが異なる複数店舗を経営することを「支店経営（マルチブランド展開）」といいます。ここに魔物がいます。魔物は、例えばこんな話をします。「飲食業界の支店経営で成功している上場会社のダイヤモンドダイニングは『100店舗・100業態』を目標に掲げて躍進し、現在40以上のブランドを運営して大成功しているぞ。お前もいろんなタイプのお店を出したほうが面白くないか？」。

おそらく面白さという意味では、多様なブランドを手がけたほうが、社長にとっては面白いでしょう。しかしそれはたいへん危険です。ダイヤモンドダイニングは店舗ビジネスに携わる誰もが注目する会社ですが、非常に稀で、特殊な成功例です。私は、外見的には別ブランドであっても、裏で動いている店舗経営の仕組みは多くが標準化されており、業態としては非常に均質なのではないかと見ています。その2面性をうまく統合しているところに優れた経営手腕があり、それは簡単に真似できるものではありません。

一般には支店経営では15店舗までが限界と言われています。ハイリスク・ハイリターンを夢見る人は挑戦してもよいですが、失敗したら取り返しがつきません。それよりは、最初の店舗で成功した業態・ブランドで、同等の規模の店を増やしていくほうが、地道で安全・堅実なやり方です。これを**「チェーンストア経営」**といいます。10店舗に増やすまでは、野球のトーナメント戦と同じように、1敗も許されない戦いが続くと思わなければなりません。敗けないためには、より無難なチェーンストア経営のほうが適していると思います。

⑤立地の魔物

5店舗以上の展開をしていくと、なかなか同一エリアへの出店が難しくなり、隣接した別のエリアへの展開を考えざるを得ないことがあります。このとき対象エリアに競合店舗がすでにあると、業態が違う別ブランドの店を出したくなるかもしれません。このとき、立地の魔物は「進出する新しいエリアでは新ブランドで勝負しよう」とそそのかします。

これにうかうかと乗ると危険です。新しい出店には、エリアが異なることによるリスク(**立地格差**)と、ブランドを変えることによるリスク(**ブランド格差**)の2つがあります。この2つのリスクを一度に両方背負ってしまうと、リスクは掛け算になって危険なレベルにまで上がります。少なくともどちらか一方のリスクだけにするように心がけるべきです。

⑥ 立地タイプの魔物

例えば繁華街の店、ロードサイドの店、ショッピングモールの店というような立地タイプが違う店は、それぞれ客層が違い、使う金額や嗜好、繁閑差など、さまざまな特徴があります。立地タイプの魔物は「繁華街の店でうまくいったじゃないか。今度はロードサイドに店を出そう」などと誘惑します。しかし立地タイプが異なると、そのタイプに対応して店舗オペレーションや集客戦略などをすっかり変えなければならないことがあり、コストが膨らみ、利益を食いつぶす可能性があります。立地タイプを変えるのは大きなリスクです。

とはいっても、別の立地タイプへの出店は魅力的ですよね。5～10店舗への拡大に成功し、利益率が上がり、内部留保が十分にでき、キャッシュフローがかなり余裕があるほど向上した段階で、試験的に立地タイプが違う出店にチャレンジするというのなら、やってみる価値はおおいにあると思いますが、まだ店舗が少ないうちは危険な挑戦です。

⑦ 入金サイクルの魔物

「多店舗展開すればどんどんお金が入ってくるのだから、人件費は大丈夫。経費を気にせず拡大していこう」とこの魔物はそそのかします。ところが、多店舗展開の初期は、常にお金がない状態になるのが普通です。これを忘れると倒産の原因になります。

どういうことかというと、一般に商売の損益は売上から経費を引いて計算するので、繁盛している店は十分に現金があるように見えるのですが、実は現金の流れは逆なのです。

出店するときは、まず融資（借金）を受け、店舗物件の前家賃を入れ、設備工事の工費を払い、人材募集し、ユニフォームを買い……とさまざまな出費が先に立ち、現金が入ってくるのは店舗のオープン後になります。しかも、例えば介護サービス業だとオープンから２カ月後の入金になりますし、お客様の支払いがクレジットカードだと、売上が立ってから15日後でないと入金されません。ですから、出店した店が全部繁盛していても、常に現金が残らない状態になります。

多店舗化の初期にはこれを我慢しなければならないのですが、倒産に至るような深刻な事態にならないようにするには、売上のあと実際に入金があるまでの期間（**入金サイト**）と、取引の締め日から代金の支払い日までの期間（**出金サイト**）を、次のページの図のように詳細に管理し、できるだけ入金を先に、支払いをあとにすることが対策になります。

例えば仕入代金を月末締め翌月末払いにしてもらう交渉を業者としたり、社員の給料も月

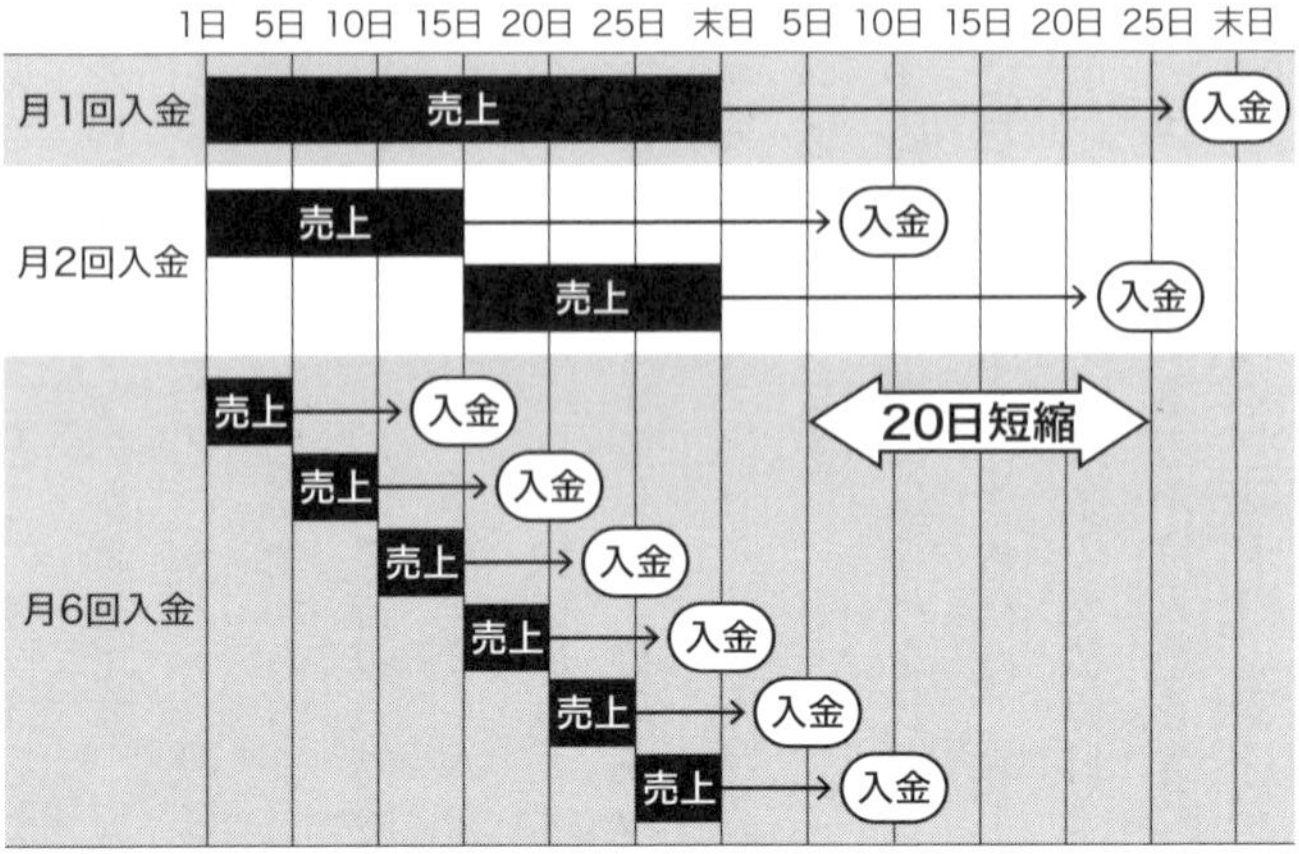

図7　入金サイクルの魔物に対抗する策

末締め翌月25日払いにしたり、物品なら現金購入ではなくリースにしたりと、できるだけ現金を先にとり、その中から支払いができるようにもっていく工夫が必要です。

図のように、さまざまな取引の入金サイトを短く、出金サイトを長くとれるように、できれば最初の取引契約時に有利な条件で取り決めたいものです。後からの条件変更は交渉が難航することが多いからです。

さて、「多店舗展開の初期には常に手元に現金がない」という事実に驚かれた方も多いのではないかと思います。もともとの原資に余裕があればいいのですが、なかなかそうはいきませんよね。

あまり不安を煽るようなことばかり述べてもいけませんから、少し現実的な資金繰りの話を補足しておきましょう。既存店舗でしっかり利益を出してさえいれば、そこまで心配する必要は本当はないのです。

飲食店の場合で新規不動産物件を借りる費用は1坪１００万円（都内）と言われています（居抜きの場合はその約半分）。店舗の開店と当初の運転資金は日本政策金融公庫の新創業融資制度を利用すれば、３０００万円まで借りられます（審査あり）から、仮に１０００万円借りると、金利が公庫と保証協会分を含めて４～５％で、５年くらいで返済する場合だとだいたい２００～２３０万円くらいが年間の返済額になります。

借りた１０００万円で10坪の店が出せます。飲食店では坪ごとの売上単価が月20万円くらいでまあまあ、30万円だと大繁盛店と言われますから、月々の売上は２００～３００万円くらいが一般的です。そこから人件費、原材料費、家賃、その他経費が引かれたあとに営業利益が残ります。前述したように、最初の店舗で利益率は15％を確保することが条件になるので、利益額は月30～45万円は最低必要です。がんばって経費を削れば月60万円まではいけるでしょう。そこから返済に月約20万円を出します。残った分を貯めて、新たな出店の原資とします。どうでしょうか？　そうラクではないものの、できなくはないと思いませんか？

6 気合と根性の世界を超越して、5店舗の壁を越えよう

さて、多店舗展開のメリットやデメリット、意義、注意ポイントについてこの章では解説してきました。ちょっと足がすくむようなことも述べましたが、あらかじめ問題が起きてくることを予想していれば、たとえつまづいても転ばずに済み、すぐに前に進めるはずです。

とはいえ、これからの店舗ビジネスは、昔ながらの気合と根性で進めていくわけにはいきません。冷静な現状分析と未来予測に基づいた、客観的な基準で展開の仕方を判断する必要があります。この章のしめくくりに、ここでは、多店舗化を進めるうえでどのような点を考慮すべきか、その判断基準ポイントをいくつか紹介しましょう。本当はこのポイントはもっと数多くありますが、そのうち特に重要なものをピックアップしました。もっと詳しく知りたい方は、私の多店舗化養成塾などで研究されることをお勧めします。

①ポジショニングがよいこと

会社が市場のどこにターゲットを絞り込むかをポジショニングと言います。例えばサッカ

ーでは、デフェンダーがいない空白エリアにフォワードが突っ込み、うまくパスが通ればゴールにボールを蹴り込めます。得点できるエリアに適切なポジショニングができるチームが勝てるのですね。それと同じで、競合他社が出店していないところに出店したり、他社が提供していない商品やサービスを提供することができれば、それが一番よいポジショニングです。孫子の兵法に「戦わずして勝つ」とありますが、他社と競争しなくても勝てるのなら、そのほうがよいに決まっています。

ただし、完全に同業者がいないエリアはその業種・業態のビジネスが成立しないところなのかもしれません。ビジネスで利益が出そうなエリアにはたいてい他社が何らかのポジションで存在しています。ですからポジショニングを決めるのはそう単純な仕事ではありません。他社のポジショニングを精密に調査・検討して、似てはいても、どこか違うサービスや商品を提供していく必要があります。それができれば、少なくとも負けないビジネスが行えます。他社のポジショニングと重なる部分があっても、重ならない部分が多ければそれでよいですし、重なった部分で、例えば価格でもよいし、品質でもよいし、雰囲気やスタイリッシュさでもよいし、何か優位性があれば勝てる可能性が高くなります。進出する市場に、空いているエリアがあるか、優位に立てるポジションがとれるかどうかの判断が必要です。

②時流に適合していること

どのような業種・業態でも、流行り廃りはあるものです。時流に乗っている業種・業態ほど成功確率が高いのは事実です。

現在で言えば、介護、リハビリ、ＡＩ（人工知能）、ロボット、プログラミングなどといった仕事や、単身生活に向けた商品／サービス、女性中心の美容・生活・ビジネス関連商品／サービスなどに注目されています。その時の最新のトレンドが必ずしも正確にニーズを反映しているとも限りませんが、よく見ていれば、上り調子の業種・業態と、下り調子の業種・業態がわかるものです。決して下り方向のエスカレーターには乗らないようにしてください。

③ドミナント出店の商圏のサイズが狭いこと

ドミナント出店の各店舗の商圏は狭いほどよいと考えてください。

コンビニの場合は半径５００メートルの円内が1店舗の商圏です。その円内の商圏がぎりぎり重なるような場所にもう1店舗を増やすような形ですね。「自転車距離」という言い方もしています。日本にはコンビニがすでに5万店舗展開されていますが、そのほとんどがドミナント出店戦略に基づいて展開されています。

大手学習塾も似たようなドミナント戦略をとっていて、すでに塾数が4桁に達しているチェーンもあります。塾経営の場合は、だいたい中学校の通学エリア内を商圏としています。コンビニも学習塾も、シナジー効果が最も出やすいエリアに集中して出店しているのですね。

店舗ビジネスでは、なかなか何メートル圏内で増やしていくという目安は難しいかもしれません。そもそも適切な物件があるかどうかが問題です。ですから、人口分布をある程度反映している学区のような単位を目安にすることがお勧めです。といっても、中学校の通学エリアだと一般の店舗のドミナント出店エリアとしては少し広すぎます。小学校でもちょっと広いかもしれません。だいたい保育園か幼稚園が1施設でカバーしているエリアが基準になるでしょう。できるだけ既存店の近くに、といってあまりに近すぎもしない地点に、次の店舗を探すようにしましょう。

④初期投資が低いこと

出店のための初期投資が低ければ低いほど、多店舗展開には有利です。出店の際には手持ちの資金にプラスして、銀行なり公庫なりから融資を受けるのが普通です。金融機関の融資判断は、特に公庫では、1000万円以下の融資なら審査基準がゆるく、融資を受けやすいのですが、1500万円となると審査基準が格段に厳しくなります。ですから、多店舗展開をこれから始めようとするときには、融資金額を1000万円までに抑えられるような出店ができるかどうかが、判断基準になります。

⑤人材採用の難易度

店舗ビジネスでいま最も難しいのが人材の獲得です。よい人材がたくさん集まれば、店舗運営はラクになるのですが、その採用には多大なコストが発生してしまいます。賃金を上げたからといって、すぐに求人応募が増えるような時代ではなくなっているのです。

特に若い人が集まりやすいのは、カフェ、バルなどおしゃれな業界です。そのような業界でなくても、例えば整体クリニックなどでも、制服が可愛い店舗に人が集まる傾向がありますす。見た目を重視して就職先を選ぶ人が増えているのです。また必ずしもファッションに限りませんが、何か、そこで働いてみたい、働くと楽しそう、面白そうだと思ってもらえる要素が必要です。そのような要素を備えた業種・業態を選び、ポジショニングしていけるかどうかが、1つの判断基準です。人材不足はビジネスのボトルネックです。ここは求職者の嗜好トレンドをよく観察していかなければなりません。

⑥出口戦略

最後に、撤退コストが安く、やめるのに多くのコストがかからないことも、判断基準にしておきましょう。これは前述したので繰り返しませんが、新しい店舗はやってみないとわからない部分が多く、100％うまくいくわけではありません。うまくいかない店舗は無理に維持するより、撤退したほうが利益を無駄にせずに済みます。現在は**業態の寿命が会社の寿命よりも短い**時代です。撤退は必ずしも悪いことではありません。

会社でも、店舗でも、スクラップ＆ビルドが当たり前の現在、いざというときに損切りできるかどうか、そのときにコストはどのくらいかかるのかを試算し、できるだけコストをかけずに撤退できる出口戦略を用意しておくことが勧められます。

第2章

最大の脅威 〝人の離脱〟を防ぐ法則

1 「自立・自走型人材」を育成しよう

すべてのビジネスで言えることですが、特に店舗ビジネスにおいて人材は最重要な経営資源です。どれほど立地や施設・設備が素晴らしくても、店舗のマネージャーやスタッフの仕事へのモチベーションが低いと、遠からず経営がゆきづまります。多店舗展開は人材なしに始められないのは当然ですが、ただ無闇に人材を集めても続かないのです。どんな人材が店舗ビジネスに必要なのか、どのように育成すればよいのかについて、この章では述べたいと思います。

自立した人材とはどういう人か

求められる人材像を簡潔に言えば、それは「自立自走型人材」です。

「自立した人材」というのは、自分で考え、判断し、行動し、その結果の責任がとれる人材のことです。と言うより、むしろ「自立していない人材」とはどんな人かを考えればわかりやすいでしょう。それは、よく「指示待ち人間」と言われるような人のことです。自分からすべき仕事を探さず、上司や先輩から言われたことだけをやる人のことですね。指示されたことは粛々とこなしますが、そこに何か自分の発想で付け加えることはしません。また仕事の結果がよくない場合には「上司がそうしろと言ったから」と文句を言うかもしれません。たとえ上司がそう言ったとしても、仕事の途中で結果が悪くなりそうなことに気づいた段階で、その気づきを報告してほしいですよね。でも、それは「言われたこと」に含まれていないので、自分には責任はないと考えてしまうのです。

上司から具体的なオペレーションを指示されたけれど、それをする意味がわからない、というより理解しようとしない、その必要がない、と考えてしまうのが「指示待ち人間」の特徴です。自分で考えるという前の段階で、仕事の意義を理解していない場合が多いのです。仕事の意義がわかり、仕事の結果によって会社の何が変わるのか、あるいはお客様にどんな価値を提供できるのかについて理解できれば、指示されたオペレーションは正しいのか、もっとよいオペレーションはないのかと考えることができます。時には自分の判断で指示の一部を修正して実行してもいいでしょうし、修正の影響が大きいと思ったら、上司に意見してこれまでのオペレーションを見直してもらい、さらに効率的・合理的オペレーションに改善していくことができます。店舗の仕事のあらゆる局面で、そのように自分で考え、判断し、行動していくことができる人が、「自立した人材」です。自立していない人材は、事業成長のブレーキになるだけでなく、極論すればリスクにしかなりません。

自走できる人材とはどういう人か

「自立した人材」ではあっても、「自走」できない人もいます。こちらは他人からの働きかけを絶えず必要とする人です。仕事をこなすエンジンはもっていても、自分で燃料をつぎ込むことができず、たびたびガス欠を起こします。そこで上司、店長、社長などが激励をしたり、短期的な目標を与えたり、表彰制度をつくったりして何とかモチベーションを上げさせる取り組みをしますが、小手先の対応では、そのときにはもち直しても、しばらくするとまた同じようにパフォーマンスが落ちていきます。さらに状況が悪化すれば会社を辞めることにつながります。その心配を抱えながら、腫れ物にさわるように指導していくのはストレスがたまる仕事です。

つまり、**自立自走型でない社員がいればいるほど、社長や管理職が本来行なうべき事業戦略遂行に割ける時間がなくなり、会社全体として業績が上がらなくなってしまいます。**しかし、短絡的に「そんな人材は排除しよう」と考えるのは大きな間違いです。自立自走ができない人材は自立の仕方、自走の仕方が身についていないだけなのです。その仕方を身につけさせるには、まず従業員個人個人の心の中から仕事への熱がふつふつと沸いてくるような、モチベーションを自らつくり出せる環境をつくる必要があります。

理念型経営と同志的結合が解決の鍵

ではどうしたらそんなモチベーションを従業員の心から沸き出させることができるのでしょうか。先に答えを言ってしまいましょう。私は、経営が理念を掲げ、目標に向かって経営層、店長など店舗責任者、現場スタッフの全員が意思を統一し、目標達成に必要な行動規範を遵守していく社内風土をつくっていくことに尽きると考えます。

その理由の1つには、給料や福利厚生など表面的な条件で人を囲い込むことが、すでに難しくなっていることが挙げられます。周囲のビジネス環境を見渡せば、どんな業種でも、従業員の副業の是認、終身雇用制度の見直しが一般化しており、人材の流動化の勢いはこれからますます激しくなることが避けられません。人が簡単に会社を辞めるようになり、会社に勤めていながら、会社の仕事以外に自己実現の道を見つけようとする人が増えていきます。そのような環境の中で、人と結びつき、よい関係を築き、一緒に行動して結果を出していくことができる、最も強力な接着剤になるのが企業理念だと思います。

現在では、多くの会社が「企業理念」と「クレド（行動規範）」を言語化し、会社のPRに利用しています。それを作成し、看板のように掲げることは簡単です。しかしよく見ると多くは紋切り型の表現ばかりで「本当はどうなの」と思ってしまうこともあるでしょう。

しかし、理念型経営を方針として掲げ、実際にその推進に真剣に取り組んでいる企業には成功例が多いのが事実です。例えば東京ディズニーリゾートを運営するオリエンタルランド、スターバックス、リッツ・カールトンなどは有名ですし、塚田牧場などの店舗で年商250億円超を達成したエー・ピーカンパニーなども、理念型経営を成功させた例です。そのよいところは、理念もクレドも現実離れしておらず、従業員が何かに迷っても、理念に立ち返って考え、クレドに従って行動を選ぶことができるところです。従業員が共感できる理念を掲げ、それに対応するクレドを明確にできる会社は、確実に強いと言うことができます。

理念型経営の特長は、従業員同士に「同志的結合」が生まれることです。同志的結合とは、ソフトバンクの孫正義会長の言葉です。人と人との結びつきには、例えば同郷とか、同窓生とか、金銭上のつながりとか、いろいろなケースがありますが、志によるつながりが何よりも緊密で強い結合を生みます。同じ価値観で同じゴールをめざす人なら、目的達成のために自分のもっている知識や技術を同志に与えることを惜しまず、自分に足りない知識や技術は、同志に求めれば与えられます。これが「共生」であり、その考え方は「共生の哲学」です。**会社は異なる個性の人々が共通の目的のために共生する場とならなければ発展しません。**共生の場とするための基礎として、従業員の同志的結合をつくり出すことが重要です。

超巨大企業に成長したグーグル社の採用テストでは最後に「飛行機が欠航したときに空港で24時間を求職者と一緒に過ごせるか」を判断基準にするそうです（エアポートテスト）。これは、価値観が合致する人とは話し合える（話が合う）ことを前提にした評価基準ですね。人材採用でも育成でも、「同志にする」「共生する」という視点で実践することが大事です。

なお、国の社会保障費は増額の一途をたどっており、会社と従業員の折半（労災保険除く）ではあっても、会社のコスト総額は月収30万円の社員1人あたり現在の月11万円程度から、やがて16万円ほどに上昇すると予想されています。最低賃金や残業代も上がり、過重労働が厳しく規制されるなかで、人件費と社会保障費は膨れ上がっていきます。その環境下で人件費や福利厚生費を上げて会社と従業員との金銭的結合を強めるには限度があります。一方、社員や求職者が**給料や待遇面より、やりがいや満足感・充足感を求める傾向が近年は顕著になってきました。**理念型経営がもたらす同志的結合が、より重要な時代になっています。

2 95％の会社が誤解している人材育成法を真似るな

人材育成のためには「理念型経営」を実践し、従業員を「同志的結合」で結びつけ、「共生の哲学」をベースに互いが助け合いながら共通の目標に向かって進むのが理想的……という旨を述べましたが、ビジネスを行なう上で企業理念はどの会社にも共通する部分があるとはいえ、重点の置き方は異なるでしょう。一律に「このようにすれば理念型経営ができる」という簡単な答えはありません。会社個別に、考えを詰めていく必要があります。ここでは、どのように理念を設定したとしても、必ず共通する人材育成の考え方をお伝えしたいと思います。その考え方とは、**「本学」を忘れるな**ということです。どういうことか、ここからの節で説明していきます。

95％の会社が間違った人材育成法をとっている

正しい人材育成法を実践している会社は、私の感触では20社中に1社のみで、残りの95％の会社は、育成法を間違っていると思います。多くの会社が人材育成のために研修やセミナ

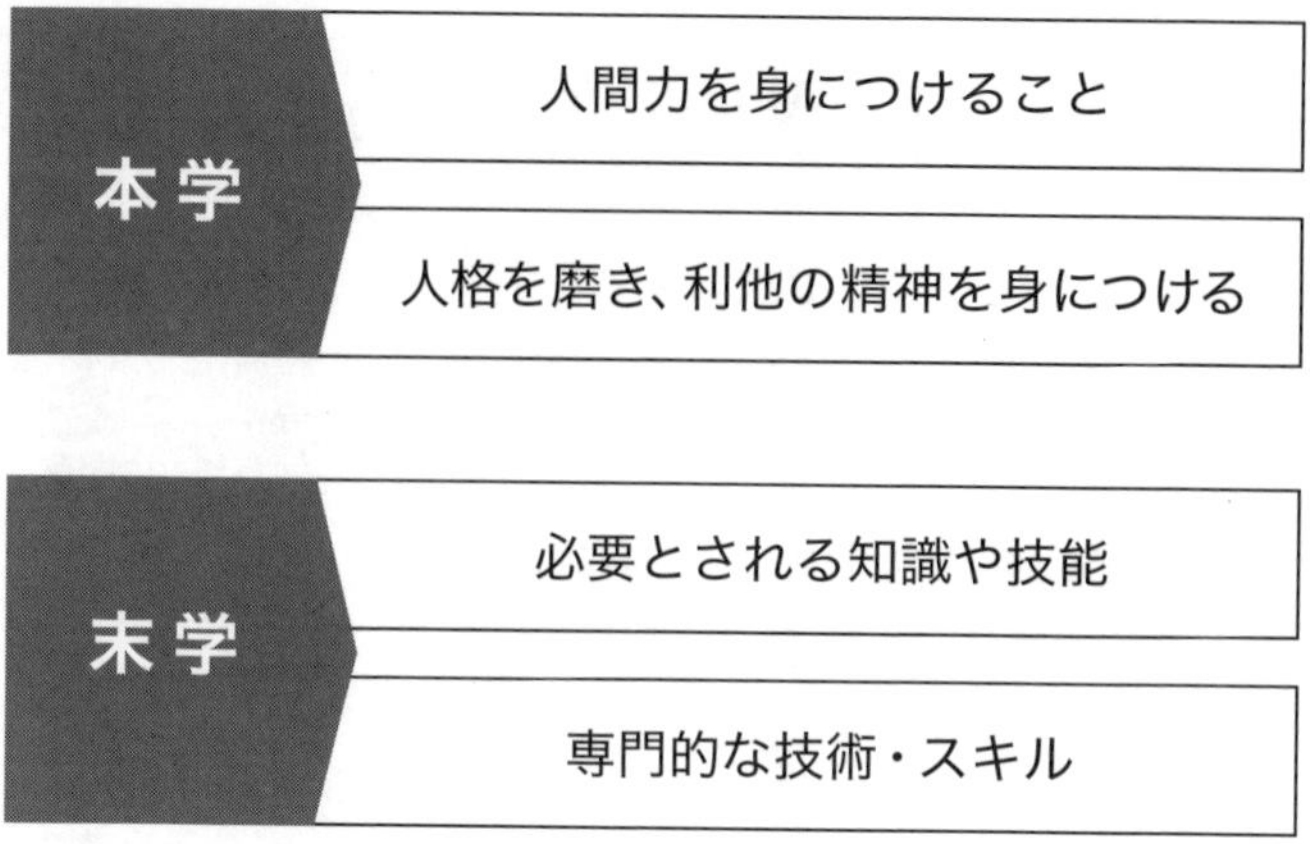

図1　本学と末学の意味

ーを行なっており、現場でも個別指導やグループ指導などさまざまな取り組みを行なっていますが、その多くが無駄なコストになっているのではないかと思います。それら取り組みの内容は、業務のオペレーションスキル向上や、店長クラスへの発注要領や月次の締め手順、入金管理などの指導・教育にとどまっているからです。

東洋思想家の安岡正篤《まさひろ》氏をはじめとする「人間学」の先達は、学問を「本学」と「末学」に分けて考え、本学こそが学問の本質的部分であり、末学はその枝葉の部分であると言っています。本学は「人間力を身につけること」「人格を磨き、利他の精神を身につけること」を言うのですが、そのことに気づき、人材育成法として実践している企業は、わずか5％しかないのです。

❸ 本学を教え「本末転倒」を防ごう

ほとんどの会社の人材育成法は、前節の「末学」に偏重しており、「本学」を中心に据える教育を行なっていません。人間を育成することよりも、業務に必要とされる知識や技能、専門的な技術・スキルを教えこむことに終始してしまう会社が多いのです。本来なら本学を学び、その素養のうえに末学を学ぶべきなのに、順番も、注力の度合いも逆転しています。まさに「本末転倒」状態です。これが現在の一般的な人材育成法になってしまいました。

性悪説での人材管理から性善説の人材管理へ

本学を学ぶということは、人間として立派に自立できる精神を育むことです。これを抜きにした人材育成は、短期的な効果しか上げることができない場合が多いのです。多店舗化では、特にリスクが高くなります。たとえ理念を掲げクレドで行動に制約をかけていたとしても、従業員は社長が見ている前では適切な行動をとり、よいところを見せるのですが、誰も見ていないところでは、手抜きし放題、クレドに反する行動もとりますし、時にはバイトテロと呼ばれるような非常識行為に走ることもあります。残念なことですが、レジからお金を抜き取るような明らかな犯罪行為に走る者も、時には出てしまいます。管理する側は、常に性悪説に立って従業員を監視しなければなりません。これは管理側の人間にとってつらいことですね。末学は利潤を生むためのテクニックを追及するものですが、いくらそれを学んで自分の業務を効率化できたとしても、それが他の従業員や会社にとっての利益につながらないものであっては意味がないのです。

本学を優先すべきだというのは、**従業員を性善説で管理できるようになる**からです。人間として何をなすべきで、何をしてはいけないのかの規範が心に浸透している人間であって、利他の精神が身についている場合には、会社全体が共有している理念やクレドに反する行動をとる可能性は低くなります。例えば「人の悪口を言わない」「弱音を吐かない」「自分の言動を適切に管理できる」「助けあう」「励ます」「部下であっても他人を尊敬し、他人に与えられるものがあれば与える」というような、人と人との絆を強化する行動が、自然にとれるようになります。すると他人からは「人格者」「徳がある人」と捉えられるようにもなり、部下からは魅力的な上司と見られるようになります。そのようなリーダーを育てることが、多店舗経営には不可欠なのです。

4 部下の心に火をつける上司になろう

部下に慕われるリーダーというのはどういう人でしょうか。読者の皆さんは、芸能の世界でここ数年、トップクラスの人気を誇るＥＸＩＬＥをご存知のことと思います。同グループのリーダーはＨＩＲＯさんです。経営コンサルタントの福島正伸さんが、ある機会にＨＩＲＯさん以外のメンバーに「生まれ変わったら何がしたいか」を質問したそうです。するとメンバーは全員こう答えました。「ＨＩＲＯさんと一緒に仕事がしたい。仕事は何でもいい」と。歌でも踊りでもなく、彼と一緒に仕事をすることが夢だというのです。

ＥＸＩＬＥはなぜ一流アーティストとなれたのか

このときＨＩＲＯさんは四十代、他のメンバーは十代から二十代の若者です。なぜＨＩＲＯさんをそこまで尊敬するのかを聞くと、全員一緒の激しいレッスンで疲労困憊した後、メンバーがシャワーを浴びているとき、ＨＩＲＯさんだけはエアロバイクで１人トレーニングをしていた。それを見て全員がトレーニングに戻った……というようなエピソードが語られました。ＨＩＲＯさんに心酔する理由は、彼のダンススキルや指導法などよりも、プロとして最高の仕事をするための陰の努力とその姿勢に打たれたからだったのです。

私はこの話を福島さんからうかがって、感動すると同時に、ＥＸＩＬＥのメンバー全員が見せる素晴らしいパフォーマンスの理由がわかった気がしました。ＨＩＲＯさんは、ダンススキルのような末学を教えることもしていたのでしょうが、より本質的な本学を、口で語らず自分の背中で語っていたのです。それがメンバーの心に響き、グループとしての一体化が進み、その結果として芸能の世界に記録的な実績を残し、デビューから約18年経つ現在も、第一線のアーティストとして認められているのだと、納得したのです。

生まれ変わっても、自分と一緒に働きたいなんて、言われてみたいものですね。そのように人に思わせるほどの魅力を備えることが、リーダーとして理想の姿だと思います。ただし、この話のポイントは、ＨＩＲＯさんの人間力がメンバーの心の琴線に触れ、本学としての人間力形成に導いたという点であり、決してリーダーは部下よりもたくさん働くべきだとか、陰の努力を部下に見せるべきだとかいうことではありません。ここは勘違いしないでください。肉体表現の世界と、店舗経営の世界には大きな違いがあります。

ここで言いたいのは、ＨＩＲＯさんのように、年の離れた若いメンバーの心を動かす力がリーダーに必要だということです。心が動くと、目的に向かう熱量が生まれます。技術を磨くより先に、心に火をつけることが、多店舗展開するうえでの人材育成には不可欠です。

最高の教師は心に火をつける

人材育成の根本は、人の心の教育です。アメリカの教育学者であるウィリアム・ウォードは次のように言っています。「平凡な教師は言って聞かせる。良い教師は説明する。優秀な教師はやってみせる。しかし、最高の教師は子供の心に火をつける」。これは児童教育について言った言葉ですが、教師を社長や店長に置き換えれば、そのまま店舗ビジネスを行なう会社のリーダーの望ましいあり方になります。日本の社長の多くは優秀な教師のように、自らを手本にできるようにと振る舞う人が多いようです。しかし現状を分析し、事業戦略を練り、未来の事業を組み立てていく作業は、ほとんど外から見えることがありません。社長の自己研鑽のようすだって、たまたま見えるようなものではありません。ＨＩＲＯさんのように口で語らずに他人の心に火をつけることは、店舗ビジネスではなかなか難しいことです。それでも、熱量を伝えていくには、やはり日常的に想いを口にし、理念を語り続けていくことが大切です。

一方、日本の教育現場のことを少し考えてみましょう。先生は生徒に尊敬されているでしょうか。実は学校の先生を尊敬する人は、海外の平均では約80％だそうです。ところが日本ではそれはわずか30％にすぎません。教育は学校だけでなく家庭でも行なわれますが、両親を尊敬する人は欧米の平均では90％ほどなのに、日本では40％程度だといいます。世界の中で、日本は教師や両親のような、ものを教えてくれる人への敬意が非常に薄いのが特徴です。

教育者で多くの荒れた学校を立てなおしてきた原田隆史さんは、学びたい、教えてほしいと子供が思っているときのことを「**心のコップが上を向いている**」と表現します。子供がその状態なら、先生が言うことを素直に受け止めてくれます。しかし「心のコップが下を向いている」状態では何を言ってもはねつけます。積極的に学べるようにするには、まずコップを上向きにしなければならない。そのためには教師の人間力が必要だという旨のことを語っています。しかし、学校や家庭での教育では、なかなかコップが上向きにならないのが実情のようです。会社に入ってくる若い人たちは、そうした教育環境で過ごしてきていることを、理解し、コップを上向きにすることから始めなければなりません。「そこまで経営者がしてあげる必要があるのか」とお考えかもしれません。しかし、誰かがしてあげなければならないことです。家庭、教育界、本人に責任があると言って逃げていては一向に改善しません。

5 学は人たる所以《ゆえん》を学ぶなり

皆さんは現代日本に最も影響を与えた人材育成の達人は誰だとお考えでしょうか。私は、幕末に今の山口県・萩市に松下村塾（私塾）を開校した吉田松陰だと思います。

松蔭先生が松下村塾で教えたのはわずか2年半だけで、同塾の門下生は92名だけだったのですが、門下生の中から現代日本に続く国家を築いた中心的人物が何人も輩出しています。初代総理大臣の伊藤博文、2度の総理大臣を経験した山縣有朋、維新の三傑と言われる木戸孝允、日本大学と國學院大学を創設した山田顕義、維新前に死亡した門下生には高杉晋作、久坂玄瑞など、幕末から明治維新を舞台にしたドラマなどで有名な人々が、揃って松下村塾の出身なのです。大臣になった人も10人います。彼らには、松陰先生の薫陶を受けたことが共通しています。現在からみれば2年半というのは非常に短い教育期間に見えますが、そこで松蔭先生は門下生に何を教えたのでしょうか。

松下村塾は松蔭先生の創設ではなく、叔父から運営を引き継いだ事業です。引き継いだとはいえ、松蔭先生は自分の教育思想を松下村塾にこめました。それは『松下村塾記』として

図２　山口県萩市に現存する松下村塾　瓦ぶき平家建て８畳・10畳半の２室。世界文化遺産に登録されている

伝えられています。これは松蔭先生の教育理念を著したもので、そこには「学は人たる所以を学ぶなり」と記されています。

この言葉を理念として掲げ、松蔭は自分の命＝エネルギーを何に使うのか、１回だけの人生でなすべきことは何かを考えることが学問だと説きました。**本学とは、自分の命の使い方を考えること**だと言ったのです。これが、門下生たちの心に火をつけました。志が立ったのです。

この言葉こそ、自立自走型人材を育てる至高のフレーズだと私は思います。人材育成の最高級のやり方を私は松蔭先生から学びました。そのやり方については、第６章で解説しています。

6 古代ギリシアの「3人めの石切り職人」に学べ

「人たる所以を学ぶ」とはどういうことでしょうか。その意味するところを店舗ビジネスに即して考えてみましょう。ここではちょっと思考実験をしてみます。

古代ギリシアの3人の石切り職人

こんな故事があります。古代ギリシアのお話ですが、あるところに3人の石切り職人がいました。1人の旅人が、「何のために石切りの仕事をしているのですか」と尋ねます。すると1人めの職人は「お金をもらうためだよ」と答えました。2人めの職人は「将来食べていくのに困らないように手に職をつけているんだ」と答えました。3人めの職人は「これから何百年にもわたって人が訪れる教会の土台を造っているんだ」と答えました。

1人めの職人は自分の生活のためになると思って仕事していますが、2人めの職人はキャリアアップのプロセスだと考えているようです。3人めの職人は、自分が造るものがどう人の役に立つのかを考えています。さて、どの職人があなたの好みでしょうか。

古代ギリシアの時代。3人の石切り職人がいました。
毎日大量の汗を流しながら、ひたすら石を切り、
同じ給料で働いています。
そこに1人の旅人が現れ、
石切り職人たちに質問をしました。

「あなたは、何のために石を切っているのですか？」

1人めの職人

お金をもらうためだよ

職業へのこだわりはなく、お金のため、生活のために働いている

2人めの職人

将来、腕の立つ職人になれるよう、手に職をつけるために仕事してるんだよ

職業への誇りを持っているが、あくまでも自分のため、キャリアアップのために働いている

3人めの職人

これから何百年もこの町のみんなが訪れることができる立派な教会の土台をつくっているんだよ

他人を喜ばせるため、利他の精神で自分が働いた結果、多くの人が喜ぶことを思いながら働いている

図3　古代ギリシアの石切り職人の故事

ディズニーリゾートのキャストは3人めの石切り職人

この話を私はセミナーでたびたびします。そして、顧客満足度が高めのサービス業の代表として、ディズニーリゾート、スターバックス、マクドナルド、都内のコンビニという名前を出して、その会社のスタッフを石切り職人になぞらえると、何人めの職人でしょうか、と参加者に尋ねます。

するとディズニーリゾートのキャストについては、１００％のセミナー参加者が、３人めの石切り職人だと答えられます。スターバックスの店員については80％が３人め、残りが２人めという結果です。マクドナルドの店員については80％が１人め、残りが２人め、コンビニの店員については１００％が1人めと答えています。

また飲食店で不愉快になった経験を尋ねると、１００％の方がその経験があると答えられます。それでは、不愉快になった店のスタッフは何人めの石切り職人に近いかと尋ねると、全員1人めの職人だとの回答でした。これはサービスの質の違いと考え方の対応を知る、よい思考実験だと思います。

このような評価結果からは、サービスを提供するスタッフの理想的なタイプは、３人めの石切り職人のようなタイプだと考える人が多いことがわかります。ディズニーリゾートのキャストは徹底したホスピタリティで定評があるのは皆さんご存知のことでしょう。スターバックス、マクドナルド、コンビニのホスピタリティの評価についても、あまり違和感はないのではないかと思います。

セミナーではさらにご自分の会社のアルバイト従業員と、社員についても同様に質問します。すると、アルバイトについては、80％の方が1人めの職人タイプだと答えられます。社員については、30〜40％の方が2人め、残りが1人めだと答えられます。

セミナー参加者の皆さんは、多店舗展開をめざす経営者の方ばかりです。そんな皆さんが、理想的には3人めの職人タイプの人材がよいと考えておられますが、現実には、そんな人材が得られず、理想と現実に大きなギャップがあるようです。そのギャップを埋めるのは、本学を優先した人材育成法しかありません。

私の多店舗化養成塾では、3人めの石切り職人のような利他精神をもつ人材を、教育を通して育てる方法をお伝えしています。まずは心のコップを上に向けて、何のために生きているのかを考えてもらい、社長自身が本学を学び、本学を人に伝えることができるようにガイドさせてもらっているのです。それこそが「人たる所以を学ぶ」実践だと考えるからです。

7 最強の「同志的結合」をつくり出そう

さて、この章の命題である「人の離脱をどう防ぐか」について考えてみましょう。人材育成の鍵は「学は人たる所以を学ぶなり」という松蔭先生の理念の実践にあると述べましたが、会社も「法人」というように、特殊ではありますが人格をもつ組織ですから、基本的には人材育成と会社の成長とは通底するものがあります。会社に対しても、「自分は何のために生きているのか」と同じように、**「会社は何のために存在するのか」**を突き詰めて考える必要があります。突き詰めた結果、生まれるのが言語化された事業理念です。それは企業価値そのものと言ってよいでしょう。何のための事業なのか、会社自身ではなく、社会のどの側面にどのような影響を及ぼし、発展や改善に貢献していくのかが、理念を打ち立てる思考過程を通して明らかになってきます。利他の精神に基づいて、社会の中でどんな役割が果たせるのかがはっきりしてくれば、胸を張って公表し、その理念に賛同する人を募ることができるようになります。

理念の実践には賛同者が必要です。最初は友人や知人、過去の仕事仲間など、親しい関係の人だけが賛同し、協力してくれるかもしれません。しかし事業がある程度拡大していくと、これまでお付き合いのない人にも協力を呼びかけなければなりません。そのとき、何を目的にした会社なのかがうまく説明できないようでは困ります。私は、**理念が定まるまでは起業をするべきではない**といつも言っています。もちろん、理念に賛同する人を集めるときには、見ず知らずの人を説得し、共感を得られるような理念が整理され、明文化されていなければなりません。そのような理念があり、求職者がそれに共感・賛同してくれる場合に、会社と求職者との間に「同志的結合」が生まれます。

求職者が社員になり、社員それぞれが理念に賛同しているのなら、社員間も同志的結合で結ばれることになります。人と人との結びつきの中で、最も強い力で結びつくのが同志的結合です。志が同じなら、自分の知識や技術を他に伝え、一緒に成長していく気運が生まれます。互いに不足する部分を補い合い、ともに高め合うことができれば、組織としての成長が可能になり、多店舗化を安心して進めることができるようになります。

同志的結合を別の言葉で言えば、**価値観の共有**です。価値観がずれていなければ、お互いの気持ちは通じ合います。会社と個人、個人と個人の間で心を通わせ、事業目的遂行のためにともに働きたいという気持ちが生まれたとき、会社からの離脱は起きにくくなるのです。

第3章

生き残るために実行すべき「仕組み化」とは

1 成功のための「仕組み化」を考えよう

多店舗展開の意義がわかり、必要な人材を育てる基本的な心がまえがわかったところで、少しテクニカルな話に入ります。まず心していただきたいのは、中小企業が多店舗化で成功するには、「仕組み化」が重要だということです。

人材はいつか去っていく

前節では、自立自走型人材の育成が大切だと述べました。しかし残念ながら、よい人材、期待をこめて育てた人材でも、何らかの事情で職場を去ることは珍しくありません。本人の意思に反して病気やけが、プライベートな事情などで仕事が続けられなくなることはどうしてもあります。他人がどうすることもできない場合も多いのです。

店舗業務の中心的な人物が抜けたとき、店や仕事が回らなくなるという事態は、私自身たくさん経験してきました。多店舗展開して従業員が増えれば増えるほど、そのような事態は起こりやすくなります。人はいつかは去っていくものと考え、誰が抜けても店や会社が維持できるように、日頃から準備しておかなければなりません。

人材が抜けた場合に起きること

人材が抜けると何が起こるでしょうか。例えば次のような問題がたちまちもち上がります。

・お客様対応の品質が低下する

・スタッフのスキルレベルが全体として低下する

・業務ノウハウが引き継がれない

・全体の労働時間が長くなり、休暇がとりにくくなる

・抜けた人材が店長クラスの場合、売り上げ低下に直接影響する

どれをとっても恐ろしいことですね。突然人が辞めると、店舗現場では応急処置が必要になります。一時的に店長などの管理職クラスが誰かの業務を肩代わりして、従業員の誰かが穴を埋めるのが普通です。しかし、平時でも忙しい管理職の人が、通常業務にプラスして現場業務を行なうのは至難の技です。その状態が長く続くと、たいていは目の前の現場業務に

追われてしまい、マネジメント業務のほうがおろそかになってしまいます。

それではいけないと求人するのですが、そう簡単に人は集まらず、よい人材が得られても、長期間をかけて育てた人材の代わりはすぐには務まりません。求人コストをかけた上、社長や店長などの労力も費やして、店舗が元の軌道に戻るまでには長い期間がかかります。結果、事業戦略を練る時間がつくれなくなり、経営がピンチに陥ることが珍しくありません。

多店舗展開では、既存店舗の業績を落とさず、原資を蓄積することが大事ですが、それがままならなくなると、多店舗化にブレーキがかかることが避けられず、場合によっては規模縮小も考えなくてはならなくなります。

業務のかなめになる人材が抜けても、むやみに人材を募集したり、社長や店長が現場業務にシフトしたりすることなく、業務を滞らせず、また新しい人材が入った場合に短期間で十分なパフォーマンスで働けるようにすることができるのが、「仕組み化」です。**仕組み化とは、特定個人の能力やノウハウに依存することなく、「仕組み」に依存し、理想的には誰でも業務が効率的に、正確に遂行できるようにすることです。**仕組みづくりは簡単ではありませんが、これを行なわなければ多店舗展開は進みません。人材が抜けても、店舗運営がそのまま回るようにできるようにしなければ、これからの世の中で店舗は長続きしません。

経営者が忙しい会社は成長できない

スモールビジネスの著名なコンサルタントに、起業の神様と言われるマイケル・Ｅ・ガーバーという人がいます。この人は『はじめの一歩を踏み出そう』（世界文化社）というベストセラー本を書いています。この本は、コヴィーの『７つの習慣』やコリンズの『ビジョナリー・カンパニー』などの日本でも有名な書籍と同様に多くの人に読まれ、専門家の評価も高い本です。全世界１４５カ国、７万社以上の中小企業を事業成功に導いたというガーバーは、この本で「成長できない企業に共通する点がある」と言っています。それが何か、おわかりでしょうか。それは「仕組み化の発想がない」ことだと言うのです。７万の中小企業には仕組みづくりが欠けていた、というわけです。続けて、「**社長が会社にいなくても、しっかりと仕事が回るような仕組みをつくることこそが、経営者の真の仕事**」だと語っています。さらに「経営者が忙しく働いている会社ほど成長できない」「経営者が必死になって働いているかぎり、零細企業の枠を抜け出すことはできない」とも言っています。

これは私の体験やコンサルティングで見てきた日本の中小企業にも、まったくそのまま当てはまる現象です。会社が成長していく過程では、どんなに社長ががんばって、睡眠を削って働いても、結果に結びつかなくなるのは事実なのです。なぜでしょうか。

社長のがんばりは、社長自身が身につけた技術やノウハウをもとにしています。それは会社規模が小さいうちは有効に働きます。従業員は社長をサポートするだけの役割に徹しているだけでも、売上や利益が上がるでしょう。中小企業にはワンマン社長が多いのですが、それはそのほうが業務効率がよく生産性が高いからという一面があります。1店舗や2店舗の経営の場合なら、社長が元気な間は事業を維持できるかもしれません。しかし多店舗化を図るには、何にでも口と手を出すワンマン社長は望ましくありません。それは往々にして従業員がノウハウを会得する機会を奪い、人材の空洞化を進めるからです。

むしろ自分だけがもっている技術やノウハウを、「仕組み」として業務プロセスに反映し、またその「仕組み」の意味を従業員に伝えることこそ、多店舗展開を図るときには重要になります。

成功する経営者はノウハウ共有に多大な努力をする

つまり、ワンマン社長として活躍しているうちに、自分がどのような理由で今の業務をこなしているのか、業務の進め方はどんな順番なのか、どうすればうまくいき、失敗するのはどんな場合かといった業務ノウハウを、大きなことから細かいことまで業務プロセスそれぞれのルールとして決めておき、そのルールを守るべき理由を従業員に理解してもらうことが大切なのです。そうすれば、たとえ社長が多忙になって現場の仕事ができなくなっても、部下がルールを理解し、遵守して仕事をすれば、それは社長が自分のノウハウを実践するのと同様……とまではいかなくても、それに近いパフォーマンスで業務を回せることが期待できます。店長クラスの場合でも、その下位のグループリーダークラスでも、これは同じです。

ガーバーも、そのことを指摘しています。「失敗する経営者に共通しているのは、自身のもつ知識や情報を独占し、従業員と共有しようとしない姿勢」だと言うのです。実は、それは私が見てきた失敗した中小企業の社長に、本当に共通しているのです。ガーバーは続けて説きます。「逆に**成功する経営者は、大切な知識や情報を従業員と共有するために多大な努力を費やしている**」と。これも貴重な指摘だと思います。

社長の頭の中にだけあることを、他の人が知ることはできません。頭の中だけにある知識や情報は、時に書き出し、時に口に出し、誰かに伝えなければ活用されません。社長やベテラン社員の頭の中にあることを、誰もが活用できるようにし、会社が社長の過大な苦労なく回るようにすること。それが「仕組み化」です。

2 「人材志向」ではなく「仕組み志向」で成長しよう

「会社の売上が上がらない」「良い人材が集まらない」「スタッフの定着が悪い」という問題が起きると、たいていの社長は「従業員にもっとたくさん働いてほしい」と考えてしまいます。しかし従業員の労働時間にも、労働強度にも限度があります。人件費、求人コスト、育成コストを考えると、新しいスタッフを増やすのにも限界があります。そこで焦って従業員に厳しいノルマを課すと、ますます離脱を誘います。その評判は意外なほど早く広まるもので、特にSNSで悪評が拡散すると、取り返しがつかないことになりかねません。そんな問題が起こり、事業成長が頭打ちになっていくと、経費が増加するばかりで利益率が悪くなり、やがて凋落が加速していきます。最悪の場合は資金がショートし、倒産につながりかねません。

そうなってしまう会社に共通するのは、経営が優秀な人材に依存する「人材志向」になっていることです。優秀な人材を獲得し、より成長できるように育成策をとることは基本的に重要ですが、そればかりを優先していると、いずれは事業が停滞していくリスクがあります。世の中には最初から優秀な人間はそうはいません。普通の人間が事業に貢献してくれるように育成するには時間がかかります。また、苦労して育成した人間も、時が経てばいつか辞めていきます。**人間への投資は絶対に必要ですが、そればかりでは多店舗展開は無理**なのです。人材への投資に偏った会社は、私の感触では7割から8割です。そうした会社の社長には「人材投資も必要ですが、仕組みづくりへの投資を優先してください」とアドバイスしています。

「人材志向」から「仕組み志向」へ

「人材志向」の対極にあるのが「仕組み志向」です。会社がうまくいく仕組みというのは最初からあるわけではありません。社長や社員が一体となってつくり上げていくものです。ですが、そこには基本的な法則があります。その法則に則って仕組みづくりをしていくことが事業成長に結びつき、多店舗展開を成功に導くのです。

では、会社にはどんな仕組みが必要なのでしょうか。その仕組みは細かく言えば数限りなくありますが、ひとまず次の10個の仕組みづくりを実行することが大事です。

①見込み客が集まってくる（集客の）仕組み
②お客様がリピートする仕組み

③ミスやクレームを共有・改善する仕組み
④業務を標準化する仕組み
⑤会社の数字を「見える化」する仕組み
⑥効果的に従業員教育をする仕組み
⑦ベテラン従業員のノウハウを共有する仕組み
⑧従業員のモチベーションを上げる仕組み
⑨お客様の声を集める仕組み
⑩自分の想い（理念）を現場に浸透させる仕組み

いかがでしょうか。これら10個の仕組みができたとしたら、会社の売上が上がり、利益も上がり、店舗運営がスムーズになり、従業員の離脱を防げる気がしてきませんか？　そんな仕組みが本当にできるのか、と思った方もおられるかもしれませんね。でも、これらの仕組みが完璧にできている会社はたくさんあります。むしろ、こうした仕組みがつくれた会社だけが、大きく成長できているのです。中でも仕組み志向を特に徹底して店舗ビジネスに取り組んだ会社は、１００店舗から１０００店舗というような多店舗展開に成功しています。

ディズニーリゾートのキャストはなぜ好かれるのか

わかりやすい例でいえば、東京ディズニーリゾートを運営するオリエンタルランドです。店舗ビジネスじゃないではないかと思われるでしょうが、経営学では「**小さく成功するなら同業者から学べ、大きく成功するなら異業種から学べ**」という言葉があります。ホスピタリティへの評価の面で、国内、いや世界最高という声もある同社は、売上約4800億円、経常利益約1120億円（2018年）というビッグカンパニーですが、この会社からは中小企業でも学べる部分、真似できる部分が数えきれないほどあります。

ディズニーリゾートでアトラクションや景色以外で最も印象に残るのは、キャストと呼ばれるさまざまな役割のスタッフの働きぶりでしょう。そのきめ細かい気配りや、お客様を楽しませようとする姿勢は、感動的ですらあります。その印象のせいか、同社は「人材志向」の会社なのだと思いがちですが、実は違います。キャストの採用や育成のためのルールや制度が同社にはたくさんあり、人材育成に巨額な投資をしていることは事実なのですが、それ以上に、「GIVE HAPPINESS（すべてのゲストにハピネスを提供する）」というわかりやすく単純な理念を掲げ、それに応じて確固とした組織体制を構築し、先輩が後輩に業務の仕方を伝えるトレーナー制度や、キャスト同士がフラットな関係で相互援助できるブラザー制度、優れた働きをしたキャストに与えられるファイブスターカードなど、さまざまな制度をつくり、理念と行動指針を隅々にまで徹底的に浸透させているのです。

またマニュアルも整備されていますが、それにとらわれることなくキャストの判断で行動することも多く、その行動が適切であれば、ベストプラクティスとして横展開していく仕組みもあります。

同社も従業員の入れ替わりはそれなりにありますが、いつでも同じように上質なホスピタリティを感じさせるのは、こうした仕組みがあるからです。人材育成の仕組みが優れているからこそ、結果として現場のキャストがお客様に評価され、リピーターを生み、１９８３年からこれまでほとんどいつも右肩上がりの成長を遂げてきました。同社は非常に仕組みづくりに長けた、最強の「仕組み志向」企業だと思います。

人材はいつか失い、仕組みは永遠に残る

では、「人材志向」の会社の社長と、「仕組み志向」の会社の社長とは、何が違うのでしょうか。その違いを次の図にまとめました。

	人材志向の社長	仕組み志向の社長
成果を出すために？	優れた**人材**に依存する	優れた**仕組み**に依存する
結果が出なかったときは	その仕事は**誰**がしたか	その仕事は**仕組み通り**行ったか
生産性を上げるには？	よい**人材**を探す	よい**仕組み**を探す
何に投資するか？	よい**人材**	よい**仕組み**づくり
リスクの有無	優れた人材は**いつか失う**	優れた仕組みは**永遠に残る**

図１　人材志向と仕組み志向の会社の違い

多くの中小企業の社長は、何かの戦略・戦術を実行するときに「誰がそれをやるのか」を問題にします。またミスやクレームの原因を探すときに、「誰がしたのか」を追及しがちです。それは経営や現場業務が人に依存しているからです。

人に依存した経営や業務は人がいなくなればそれまでです。人材育成と併行して、優れた仕組みをつくることを心がけなければなりません。**一度つくった仕組みは、つくったときの人が全員いなくなっても残ります。**残った仕組みを、新しい人が動かせばよいのです。

多店舗展開を決意したなら、社長は現場へのこだわりを捨てて、自分の技術やノウハウを仕組み化し、人材に依存する経営から抜け出して、仕組みに依存する経営に転換することを考えなければなりません。

3 仕組み化の本質を考えよう

多店舗展開の基礎が人材の育成と仕組みづくりだということがご納得いただけたでしょうか。この2つは車の両輪で、どちらが欠けても前に進めません。しかし人材に依存してばかりの店舗運営に向かってしまう経営者があまりに多いのが実情です。

フランチャイズとは洗練した仕組みの集成

仕組みづくりに成功した会社の中には100店舗、1000店舗と拡大しているケースがあると言いましたが、そのように大規模展開を成し遂げた会社は例外なく、フランチャイズ展開を行なっています。フランチャイズ展開を適切に行なえば、出店は加速します。なぜかといえば、フランチャイズ加盟店の経営は、極端に言えば店舗経営の経験のない素人でもできき、よいビジネスモデルだと思えば、たくさんの人がフランチャイズ加盟を希望してくれるからです。フランチャイズ加盟店は、あらかじめ完成されたビジネスの仕組みを借用することで、経験がなくても直営店に準じた店舗運営ができ、売上や利益もそれに準じた額を得ることができます。優れた仕組みがあれば、それに依存するだけでいいのです。

フランチャイズ展開は人材に依存しません。加盟店に提供されるフランチャイズパッケージは、フランチャイズ本部がつくり上げた仕組みの集成そのものであり、それに依存して多くの加盟店が店舗を運営していけるようにするのがフランチャイズ展開の本質です。

スポーツの世界でも、高校野球などは仕組みづくりの巧拙や仕組みの蓄積の差が勝敗に結びついていますね。甲子園の「常連校」はいくつもありますが、常連校も普通の高校ですから、3年経てばメンバーは完全に入れ替わります。それでも、強い学校はいつも強いですね。それは勝つための仕組み、選手を育成する仕組みが優れているためだと思います。

もちろん、そんな仕組みづくりが一朝一夕にできるわけではありません。また、一度つくった仕組みも、実際の店舗運営の中で、変化していく環境に対応できるように常に変化させていかなければなりません。お客様の嗜好の変化、ビジュアル面の流行、業態の流行り廃りなど、店舗ビジネスに関連する外的な環境変化は必ず、何度も何度も訪れます。また店舗数の増加に応じて、マネジメントも業務も変化を迫られます。それに対応して常に仕組みを改善していく必要があります。改善や廃止、新規追加を繰り返して、仕組みはどんどん洗練されていき、やがてはさまざまな外的・内的環境変化に対応できるように体系化され、磨かれていきます。そのように高度に洗練された仕組みが、フランチャイズ展開を成功・拡大に導きます。数店規模の経営経験だけでは、フランチャイズ展開は難しいでしょう。まずは最低3店舗以上の直営店展開をめざし、さらに5店舗、10店舗と拡大していく中で、実践を通した仕組みづくりをしていくことが重要です。

仕組み志向は職場の和も深める

私が見てきた成功企業は「仕組み志向」の会社がほとんどです。実は、失礼ながら、そうした会社の従業員で、この人はもともと優秀な人なんだろうと思うようなことはあまり多くありませんでした。そうした会社では普通の、そこそこの人材を、売上を上げられる優れた人材に転換していく仕組みづくりに注力しているのだと感じました。人材育成の優れたフレームワークがあれば、人材難でも業績を伸ばしていくことができるということですね。またそんな成功企業に共通しているのは、従業員のモラルが高く、職場の雰囲気がよいことです。人材志向よりも仕組み志向と言うと、何だか従業員の立場を軽視するかのように聞こえるかもしれませんが、**実際には仕組みづくりは人材管理や従業員の融和、コミュニケーションの活性化など、人と人との関係性の調整にも及びます。**そのような仕組みがあればこそ、日常業務は楽しくなり、従業員は仲良くなり、ともに目的に向かう意識も生まれるのです。そういう職場であれば、離脱も最低限に抑えられるでしょう。

仕組みづくりの目的は事業の存続

さて、仕組みづくりは本質的に何をめざすものなのでしょうか。それはまず何よりも資金ショートをしないこと、倒産しないことです。その次に、社長が現場業務を行なわなくても業績が上がり、事業戦略に集中できるようにすることです。さらにそれと同時に、現場の従業員のモチベーションを上げ、社長が現場にいなくてもパフォーマンス高く仕事ができるようにすることです。社長があれこれ口を出し、手を出していなくても、ひとりでに店舗が回り、売上・利益が増えていく状況をつくり出すのが「仕組み化」です。

「仕組み化」により、現場業務に組み込まれてきた社長の時間は、どうすれば売上が上がるのか、いかに経費を削減するのか、ひいては社会にどう貢献できるか、という、より高次元な思考の時間へと変えることができます。会社の健康寿命は30年などと言われますが、事業は会社の寿命を超えても続けられます。子ども世代、孫世代まで事業を存続させることができるのは、時代を超えても有効な仕組みをもつ企業だけです。

4 多店舗化には「再現性」を重視しよう

会社はずっと儲け続けるための仕組みをつくるべきです。理想的には外的・内的な環境変化を前にしても、その仕組みを使ってさえいれば儲かるという「再現性」が高い仕組みがいいですね。ただし、仕組みづくりが完成した、と思った瞬間から、実は陳腐化が始まっています。ビジネス環境は毎日刻々と変化しているからです。ですから、なるべく再現性が高い、長期にわたって使用できる仕組みにするために頭を使わなければなりません。

フランチャイズ展開で成功している会社は、とても再現性の高い仕組みづくりをしています。一般に、設立5年めの独立店の生存率は15％と言われますが、フランチャイズ店だと、それがなんと70％にまで上がるのです。これは、フランチャイズ展開する会社が多くの経験を経て磨き上げてきたビジネスモデル、つまり儲かる仕組みをもっているからです。

マクドナルドのビジネスモデルは誰がやっても儲かることを意図

そもそもフランチャイズというビジネスモデルは、１９８０年代にマクドナルドを創設したレイ・クロックが始め、その大成功によって世界に広がったものです。その特徴は、**「何を売るか」でなく「どのように売るか」の仕組みをパッケージにして売る**（加盟店を増やす）ことです。

その仕組みは、多くの人が利用でき、利用した人はほとんどが同じように儲けることができました。時代を超えて、また国や地域を超えて、マクドナルドのビジネスは成長してきましたが、それはビジネスモデルの再現性が非常に高かったからです。

ただし、あまりにも細部までつくりこみ、しかもそれが臨機応変に変更できないようでは、最初はよくてもだんだんと形骸化し、せっかくの仕組みが使われなくなってしまいます。それを防ぐには、業務の本質的な部分に注目して、細部は現場の判断に任せて柔軟に活用できるような緩さをもたせることも心がける必要があるでしょう。

また、現場では、ビジネス環境変化を敏感に察知し、既存の仕組みの陳腐化にいち早く気づきます。その気づきを迅速に採り入れ、仕組みを絶えず改善していく努力も必要です。

マクドナルドは詳細なマニュアルを活用していますが、そこには仕事の手順だけでなく、**なぜそのやり方が最善なのかという理由**も書かれているそうです。それがあることにより、店員はマニュアルに記載されていない行動を自分で律することができるのですね。

5 社長の独創性の社員化より「本物感」をめざそう

店舗ビジネスで成功する社長にはクリエイティブな人が多いものです。例えば店舗のインテリアやエクステリア、飲食業ならメニュー、おもてなしの仕方などに、社長の独創的なアイディアが盛り込まれていて、それが成功の要因になっていることが多いのです。それだけに、自分が事業戦略に集中するようになったら、独創性が失われて、店が流行らなくなるのではないかと心配しがちです。

例えばオーナーシェフの独創料理が評判の店は、2店舗めでは苦戦します。シェフの体も発想も、1人分しかないからです。そこで、従業員の誰かに自分と同じような独創性を発揮して欲しいと考えます。「クリエイティビティの社員化」と言いますが、これを追求しすぎると失敗のもとです。社長と同じように発想できる人は他にはいません。また、それを求められても社員が困ります。私は、社長はあえて自分のクリエイティビティの継承にこだわらず、しかしその独創性を引き継いだ「本物感」を堅持していくことが、多店舗展開には必要だと考えています。

お客様から見て「本物感」があることが大事

社長のクリエイティビティが生かされたサービスや商品が「本物」であるとすれば、多店舗展開する店には「本物」でなく「本物感」こそ大切だというのが私の考え方です。オーナーシェフの手づくり独創料理が売り物の店なら、そのレシピをもとに若いスタッフが調理していても、それが「本物」だとお客様が感じたら、それでよいのです。

お客様の嗜好は、総合的ではあっても中身が画一的で面白みがない大手チェーン店より、何かに専門化した店のほうを好む時代になっています。その嗜好に合わせて、店舗設計、調度デザイン、メニュー、サービススタイル、その他、利用できるものはすべて駆使して、本物でなくても本物感を醸し出すようにすることがお勧めです。とりつくろった工夫は、むろん専門家なら見抜くでしょう。でも、お客様が満足し、また来てくれるなら、大成功です。社長のクリエイティビティは尊重されるべきですし、そのクリエイティビティのもとに生まれた商品やサービスは継承されるべきです。しかし、**多店舗化では割り切りも必要です。**あえて社長のクリエイティビティは捨て去り、「本物感」の演出のほうに注力することが、多店舗展開を成功に導きます。

6 「単純化・標準化・分業化」を進めよう

多店舗展開では、仕組み、すなわちビジネスモデルに再現性が高いことと、本物ではなくても「本物感」を醸し出すことが重要だと強調しましたが、この2つは実は同じことを言っていることにお気づきでしょうか。仕組みに再現性が高いということは、**同じ目的でも人によって結果が異なる部分をできるだけそぎ落とし、誰にでも同じ結果が出せるようにやり方を仕組み化する**ということです。どうしても結果が異なるのは、その人でなければできないクリエイティブな部分ですが、社長のクリエイティビティを完全に継承しなくても、「本物感」が演出できればそれでいい、つまり社長の突出した仕事を切り落としても、お客様に満足してもらえる品質の仕事を誰もができるようにすることは可能であり、そうすることが多店舗展開には必要だというわけです。

人による仕事の仕方や結果の違いをなくし、フラットな品質にしていくことを「標準化」と言います。標準化の基本は仕組み化です。仕組み化を追求すれば、人による違いはなくなっていきます。またよい仕組みは他の既存店や新規店舗に横に展開でき、仕組みがよくない

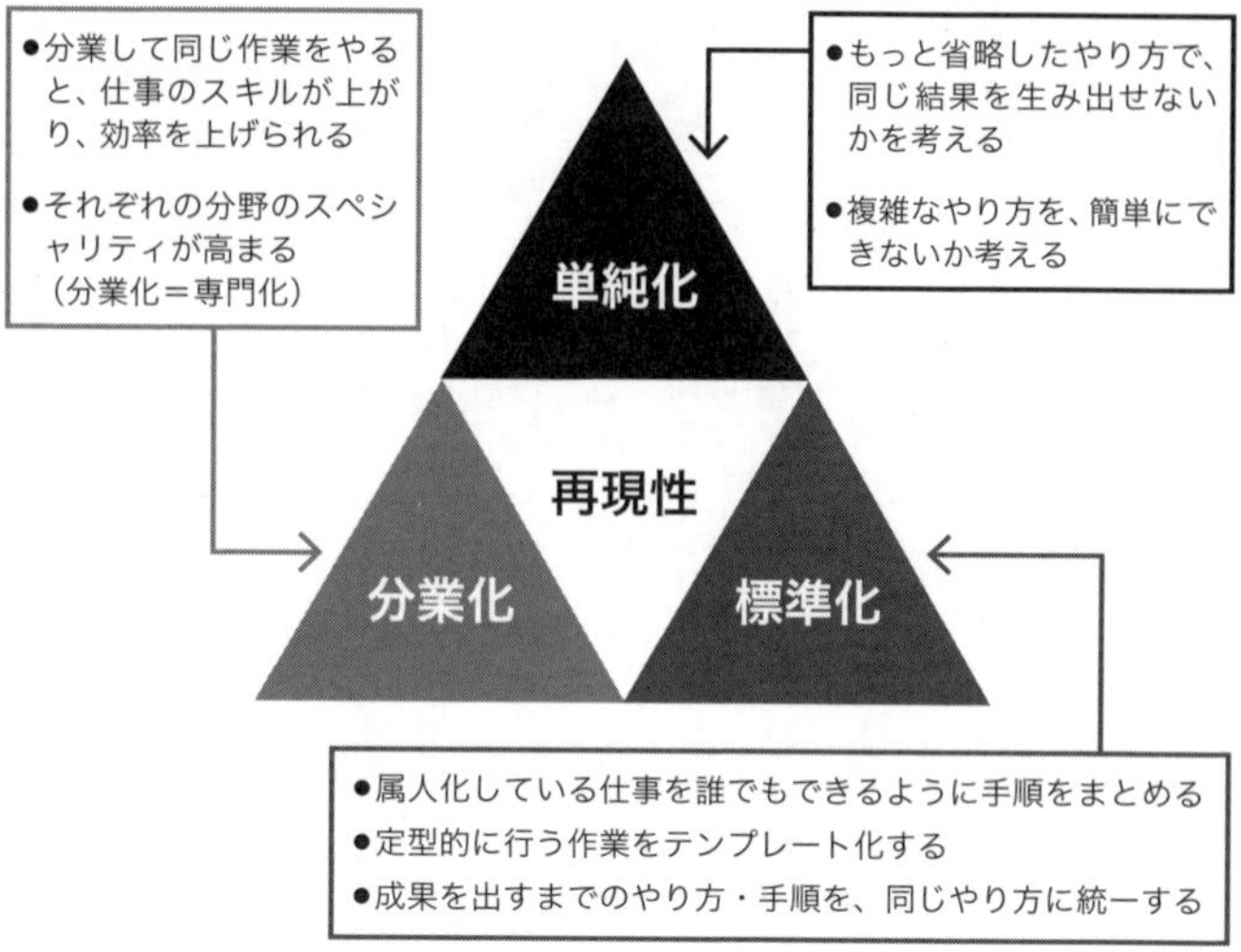
●分業して同じ作業をやると、仕事のスキルが上がり、効率を上げられる
●それぞれの分野のスペシャリティが高まる（分業化＝専門化）
●もっと省略したやり方で、同じ結果を生み出せないかを考える
●複雑なやり方を、簡単にできないか考える
単純化
再現性
分業化
標準化
●属人化している仕事を誰でもできるように手順をまとめる
●定型的に行う作業をテンプレート化する
●成果を出すまでのやり方・手順を、同じやり方に統一する

図2　単純化・標準化・分業化が仕組みの再現性を高める

ことがわかれば、改善あるいは廃棄して、よい仕組みだけが残るようにしていくことができます。

単純化、標準化、分業化が再現性を高める

図に示すように、再現性をめざすときには、「標準化」のほかに「単純化」「分業化」を考えることが重要です。

標準化の方向では、属人化している仕事、つまりその人でなければできない仕事を分解し、整理して、手順を誰にでもわかり、実行できるようにまとめることが欠かせません。飲食店ならば、調理現場での食材の仕入と管理、調理技術、品質管理、衛生管理、店舗運営における接客や資金管理、採

用・育成、清掃、販売促進など店舗に関する業務を、標準化・マニュアル化することで、属人的な要素を排除していく必要があります。

その作業を行なっている最中に、一見個別の手順が必要な作業に見えても、実は共通した手順で行なえる作業が含まれていることが見えてきます。それは定型的な作業ですから、1つの手順のまとまりとしてくくり、作業手順のひな形（テンプレート）とすることができます。そのテンプレートは、必要な都度、繰り返し使えますから、新しい従業員でも、自分で作業手順を考える必要なく、効率的に、均一の品質で結果を出すことができます。こうしたテンプレートが増えていけば、テンプレートを組み合わせて、成果を出すまでのやり方・手順を組み立てることができるので、徐々にさまざまな業務のやり方が統一されていきます。統一されたやり方が確立でき、それを従業員にきちんと伝えることができれば、後は誰がやっても同じ時間で同じ成果が出せるようになります。

単純化で複雑な作業をシンプルにする

とはいえ、実際にはそう簡単にテンプレートを切り出すことができないのが普通です。そこには、もっと仕事が簡単にならないか、シンプルにできないかという視点で業務を見直す作業が必要になります。同じ結果を出すために、もっと他によい方法がないのかと絶えず考えていれば、この作業の場合にはこの部分がいらないとか、この作業テンプレートをはめ込めば、作業の流れがもっとよくなるといったアイディアが出てきます。業務の見直しをして複雑な作業を単純なものに組み立て直せば、標準化がしやすくなります。それが「単純化」です。標準化と単純化は表裏一体ですが、順番をつけるとすれば、まずは単純化、次に標準化の順がよいでしょう。もちろん両方を同時に進めることもできます。

分業化で仕事を効率化し、品質の均一化を進める

分業化とは、例えば厨房スタッフとホールスタッフの業務を完全に分離することに始まり、店舗が増えたらセントラルキッチンで調理し、各店舗はそれを提供するというように、業務を分解して作業の守備範囲を限定することです。複数の店舗それぞれがすべての業務プロセスを備えるよりも、分業して特定領域の業務だけの業務プロセスに特化したほうが、仕事は効率的になります。例えばフランチャイズ展開している場合だと、本部が商品開発とマーケティングを担当し、加盟店は店舗運営に専念する形になりますね。どちらかに専念できたほうが、より利益が上がるからです。従業員も、限定された役割に集中して取り組めば、専門

性が上がり、より高度な結果や優れたパフォーマンスが出せるようになります。また、新人スタッフが入った場合でも、役割が一定の範囲の業務であれば、先輩を見習ってその業務に特化したスキルを短期間で磨くことができます。その結果、人による作業のばらつきがますます少なくなり、再現性の高いビジネスモデルができあがるというわけです。

ただし、従業員の専門性が上がることに不安を覚える方もあるかもしれません。5店舗以下の規模の会社では、通常、業務のすべての領域で社長が最高のパフォーマンスを発揮しています。しかし店舗をさらに増やすと、自分の右腕になってくれる人が欲しくなります。その場合には、自分と同じようにオールマイティな人材が理想に思えます。専門に特化した人よりも、そんな人が欲しいと思ってしまうのです。ところが、オールマイティだと言ってもしょせんは人間です。その人の能力の上限を、すべての領域で突破することはできません。

大企業ではどうなのでしょうか。大企業では組織は細分化され、「○○部」が数十もある階層構造になっています。それぞれの部署には部長がいます。部長クラスの人は、その部署の担当領域において、たいていは社長を上回る知識やスキル、ノウハウをもっています。例えば経理部の部長は、会社の財務や会計についてすみずみまで把握し、金融機関との交渉などの対外折衝スキルも長けています。また営業部門の部長は、得意先のニーズを正確に把握し、提案・交渉を有利に行なう術を心得ています。一方、社長は会社全体をバランスよく俯瞰しながら、経営の課題を発見しては、解決の方向性を見出し、それを各部署の部長クラスに伝えて、具体的な解決方策はそれぞれの部署に任せるというやり方で、会社経営をしています。そのほうが、自分が直接口を出したり手を出したりするよりも、はるかに合理的でスマートな解決ができるからです。各部署のエキスパートのほうが、よりよい解決法を見つけやすいからですね。

もし社長の能力が会社のパフォーマンスの上限であったなら、会社の成長はそこまでで止まってしまいます。**個人の能力の限界を超えて、事業を成長させようとすれば、分業化によって、少なくとも特定領域で社長を超える能力をもった人材を育てなければなりません。**「あの社員にここまで任せて大丈夫だろうか」と最初は不安かもしれません。しかし、人間の能力は上手に引き出せばどんどん伸びていくものです。ポストが本人の能力開花を促進する動機になるのは珍しくありません。責任を負ってみなければ、自分の能力に気づきもせず、向上をめざそうという気持ちが芽生えにくいのです。分業して社内にポストが増えていけば、従業員は、手が届きそうな上位ポストをめざしてがんばります。その結果、社長を超えた専門能力が磨かれ、社長個人の限界を大きく超えた事業成長が可能になります。

7 儲かっていなければ分業化を急ぐなかれ

さて、分業化のメリットがおわかりいただけたと思いますが、すぐに分業化に走るのは待ってください。分業化には必ず守らなければならない絶対条件があるのです。当然と言えば当然ですが、業務のボリュームが十分になければ、分業化したところで得るところはなく、むしろ現場を混乱させるだけです。業務のボリュームとは仕事の量と言ってもいいのですが、つまりは繁盛していなければいけないのです。儲かっていないと人材を新規に雇用することもできませんし、次の出店もできません。**十分なキャッシュフローがあることが、分業化を進める絶対条件です。**どのくらいの現金が必要かと言えば、ケースバイケースですが、借入金の額がキャッシュフローの3分の1程度になるようなら、分業化のゴーサインです。規模感で言えば、個人では最低でも5店舗以上、飲食店でセントラルキッチンを分離できるようになるには7店舗以上、フランチャイズ展開の場合は20店舗超というくらいのイメージかと思います。

そのくらいの現金が内部留保でき、初期の多店舗化に成功していて、売上が右肩上がりの状態でなければ、部門を分けることもできないでしょう。稼ぐ力が備わっていなければ、分業のメリットは出てきません。分業化は設備投資を必要とする場合が多いですが、手元にある現金だけで設備投資分をカバーできるようにすることが大事です。

分業化は、当初のビジネスモデルをつくる段階では必要ありません。しっかりと稼げるビジネスモデルを構築することにまずは専念し、間違いなく横展開可能な仕組みづくりができたところで、さらに店舗を展開していき、適切な売上が安定して得られるようになった段階で、ビジネスモデルを他に展開していくフェーズに入るべきです。仕組みづくりが不完全なまま、多店舗展開に走って失敗するケースは非常に多いのです。当面はしっかりとした仕組みをつくることに集中し、中途半端なビジネスモデルでの多店舗展開をしないように、くれぐれも気をつけていただきたいと思います。

業務のバトンリレーでミスしないために

こうした条件を満たして適切な分業化を行なうと、例えば陸上競技で４００メートルを１人で走っていたのが４人の継走（リレー）に替わるような、圧倒的なパフォーマンス改善が実現します。ただし気をつけなければいけないのは、継走の途中のバトンリレーで失敗しないようにすることです。業務プロセスがスムーズにつながらないと、売上が伸びないばかりでなく、お客様の評判を落とす重大なミスにつながる場合があります。発注ミス、仕入ミス、納期遅れなど、さまざまなリスクが、業務リレーの過程で発生します。

これを避けるには、社員の仕事の現状進捗と予定とを正確に把握・管理する必要があります。また社員同士でも同様に、誰が何をどこまでやっているのか、いつ終わるのかを把握していたほうが、業務のリレーがミスなく、スムーズに行なえるようになります。

どのように進捗管理や予定管理を行なうのかは会社によりそれぞれでしょうが、さまざまな情報分析ができるITツールが市販されていますので、デジタル化した管理手法をとることをお勧めします。ちなみに、私自身は自分でアプリケーションを簡単に開発できる「kintone」（キントーン、サイボウズ社）を利用しています。各種の情報分析のために思いどおりの機能がつくれるこのツールを使っているのですが、Ｅｘｃｅｌでも、他のツールでも、使いやすければ何でもかまいません。ただし、数字を見るだけではなかなか迅速な現状把握ができませんから、グラフ化や、分析軸に沿った情報抽出などが簡単にできるツールがお勧めです。

なお、進捗管理や予定管理を行なうときには、社長自身も、社員個人個人も、自分の業務

大分類	主体業務 主体となる業務	付随業務 主体のための準備時間	付帯業務 業務能力を高める時間	管理業務 管理の時間	業務余裕 付加価値を生まない時間
いまの成果を **「生み出す時間」**	・多店舗化セミナー ・無料個別相談 ・JV先とのタイアップ ・WEBセミナー	・スライド作成 ・提案書の作成 ・ステップメール作成 ・個別診断シートの確認	・プレゼンスキル ・コーチングスキル ・マーケティングスキル ・業務の仕組み化	・セミナーの入金確認 ・入金率UP ・事業計画書の作成	・セミナー案内メール
未来の成果に つなげる **「種まき時間」**	・多店舗コラムの更新 ・メルマガの更新 ・紙書籍の出版 ・Facebook 記事 ・多店舗化コミュニティー	・ネタ集め ・繁盛店の視察 ・定点観測 ・異業種交流会	・Busiパートナー打合せ ・業者様との打合せ ・作戦ミーティング ・ライティングスキル	・秘書業務の仕組み化 ・認定講師の採用 ・外注業者の教育 ・在宅秘書の教育	・強化研修会の出欠確認 ・懇親会選び
自己成長を 中心に考える **「投資の時間」**	・高額講座の参加 ・セミナーの参加 ・読書 ・オンライン(DVD)講座	・メルマガ購読 ・WEBネットサーフィン ・書店やAmazon	・PHP 経営者友の会 ・いちはち会		
過去の成果を **「処理する時間」**	・多店舗化養成塾 ・顧問業務 ・スポットコンサル ・添削	・スライド作成 ・業界調査		・養成塾の入金確認	・請求書の発送 ・YouTubeアップ ・懇親会選び
誰も 幸せにしない **「ムダな時間」**	・領収書の振り分け				

図３　自分の業務時間を可視化する：目的軸での分類の例

時間をきちんと把握しておく必要があります。自分が何にどれだけ時間を使っているのかを可視化することは、ただ業務の流れをスムーズにするためでなく、時間の使い方が適切か否かの判断材料になります。ご参考までに、私の時間の使い方を図にしてみました。

上図は、私の業務時間を「主体業務」「付随業務」「付帯業務」「管理業務」「業務余裕」の５種類に分類し、それぞれの業務を何の目的で行なっているのかを「成果を生み出す時間」「未来の成果につなげる種まき時間」「自分の成長のための投資の時間」「過去の成果を処理する時間」「ムダな時間」とい

大分類	主体業務	付随業務	付帯業務	管理業務	業務余裕	合計
生み出す時間	27.0h 8.3%	20.0h 6.2%	5.0h 1.5%	10.0h 3.1%	10.0h 3.1%	72.0h 22.2%
種まき時間	25.0h 7.7%	6.0h 1.8%	6.0h 1.8%	4.0h 1.2%	5.0h 1.5%	46.0h 14.2%
投資の時間	27.0h 8.3%	2.0h 0.6%	6.0h 1.8%	0.0h 0.0%	0.0h 0.0%	35.0h 10.8%
処理する時間	135.0h 41.5%	20.0h 6.2%	0.0h 0.0%	10.0h 3.1%	5.0h 1.5%	170.0h 52.3%
ムダな時間	2.0h 0.6%	0.0h 0.0%	0.0h 0.0%	0.0h 0.0%	0.0h 0.0%	2.0h 0.6%
合計	216.0h 66.5%	48.0h 14.8%	17.0h 5.2%	24.0h 7.4%	20.0h 6.2%	325.0h 100.0%

2017年7月から9月 平均

図4　自分の業務時間を可視化する：目的別の時間配分の例

う軸で当てはめたマトリックスです。

それぞれの時間を数値にしたのが図4です。売上を上げるために必要な時間、未来の売上のために使う時間、自己啓発のための時間などがこのように一覧できれば、自分の時間の使い方のよくない部分が判断できます。時間の使い方を改善することで、いわば自分で自分の「働き方改革」ができます。

まずは自分自身の、ゆくゆくは従業員1人ひとりのタイム・マネジメントを精密に実行していくことをお勧めします。何にどれだけの時間を配分するのかを考えていけば、業務の合理化・効率化のヒントも得られます。従業員の個性に合わせ、得意な業務により時間を使ってもらい、不得意な業務は、その業務が得意な従業員が担うというように、具体的な現場の効率化もできますし、従業員の仕事への満足度も高めることができます。

第4章
マニュアルは本当に必要か?

1 理念を行動に落としこみ、マニュアル化しよう

「マニュアル」と聞いて、どんな印象をおもちですか？　おそらく「煩雑で面倒なもの」とか「注意書きが多すぎて読む気がしない」とか、あまりポジティブなイメージがないかもしれませんね。私自身、家電製品などのマニュアルは「読むのは面倒だなあ」といつも感じます。それに「マニュアル的な対応」という言葉は、店員や窓口担当者の素っ気ない、気の利かない客あしらいを批判的に表現するときによく使われています。

なぜ、マニュアルにはネガティブなイメージがあるのでしょうか。

家電製品のマニュアルに「嫌な感じ」を覚えるのは、本来なら製品そのものが誰でも使えるようにできていれば、購入者が努力して冊子を読む必要はないじゃないか、なぜそんな風につくらないんだ、と、最初から何か不条理な感じを抱いてしまうからかもしれません。また「マニュアル的な対応」に対する嫌悪感は、利用者がまるでモノか機械のように扱われているような感覚になってしまうからではないでしょうか。店員や窓口担当者のように「マニュアルどおりの行動を強いられる」人も、そのことによるフラストレーションを抱えてしま

っています。マニュアルが自分の行動を束縛するものになってしまうからですね。

マニュアルの本質とは何か

本書では「マニュアル」という言葉を何度も使いましたが、実は私が言う「マニュアル」は、そんなネガティブなものではありません。

私の言う「マニュアル」は、本や冊子の形であってもよいですが、そうでなくてもよいのです。例えば1枚のチラシであってもいいし、作業現場への張り紙でもいいし、手書きノートでも、口頭での話だけでも、それが他の人からさらに別の人に間違いなく伝わるような言葉であれば、それも立派なマニュアルだと思っています。とにかく業務手順が言語化されていれば、何でも「マニュアル」なのです。

機械操作の場合なら、１つでも手順を変えてしまうと致命的なエラーやミスにつながることがありますから、正確に手順を記しておき、そのとおりに操作されるべきなのですが、店舗ビジネスの、特にお客様の応対にかかわる正しい手順は、必ずしもひと通りではありません。

例えば、お客様をお迎えするときには、たいていは「いらっしゃいませ」と笑顔で歓迎するのですが、夜間営業のみの小料理店では「お帰りなさい」と言ってお迎えする店があります。

またカジュアルな海鮮料理店では威勢のいい大声でお迎えしますし、高級料亭では落ち着いた声でお迎えします。そんなお迎えのときのお声がけは、お客様が誰であろうと、同一店舗では普通、いつでも同じです。これは一種のマニュアルにのっとっているわけですが、店舗によって違いがあるのはなぜでしょう。

お客様を歓迎し、ホスピタリティを示す、という目的は同じです。その気持ちの示し方が違うのは、それぞれの店が、お客様に何を提供したいのかが違うからです。「お帰りなさい」と迎える店は、「疲れた仕事帰りの人がほっとできる家庭的な温かさ」を大事にしているのでしょう。海鮮料理店の大声は、新鮮な魚が食べたいお客様に「魚市場のような活気を示して魚の生きのよさに期待してほしい」と思ってのことでしょう。高級料亭では「落ち着いてくつろいでもらいたい」という気持ちなのだと思います。こうした最初の一言で何をどのように言うかで、お客様はその店がどんな店なのか、何を提供することを重視しているのかがわかります。これを裏返すと、お迎えのときのお声がけを画一的にすることで、その店の性格を表現できるようにしているということです。

店の性格というのはどういうことかと言えば、少し抽象的な言い方になりますが、社会に対してその店がどのように貢献したいかという理念を示しているのだと思います。飲食店だからといって、空腹を満たしたいニーズだけに応えているかといえばそうではないですよね。やはり、対象となる人々それぞれに何か幸せに感じてもらい、飲食を通して活力を得てほしいと普通は考えています。どんな人に、どんな幸せをあげられるのか、それを言語化したものが理念です。その理念を行動に移すとどうなるかを表現したものが、私の考える「マニュアル」なのです。

マニュアル、クレド、理念と遡ればとるべき行動がわかる

「背中を見て学ぶ」とか「技術は盗むもの」という昔からの徒弟制度的な慣習は、伝統文化・習慣として尊重されてよいかもしれませんが、店舗ビジネスを多店舗で展開しようというときには、そんな時間をかけて人材を育成することはできません。短期で「師匠」たる社長の理念を理解し、行動に移し、失敗しない人材を育てることが必要です。そのためにこそ、マニュアルはあります。

つまり、マニュアルはノウハウの塊なのです。理念やクレドとして表現したものは、どうしても抽象的になりますから、そこから実際の現場での行動を自分で導きだすのは、ベテランでなければ無理です。だからこそ、現場のノウハウを繰り返し何人にも伝えるためのマニ

ュアルが必要なのです。優れたマニュアルを作成できれば、それを使って、新人スタッフでも、理念と矛盾のない行動ができ、どの店舗でもサービス品質を均一に、高く保てます。

よいマニュアルは、そこに示していない正しい行動を導く

そうはいっても、マニュアルは現場スタッフの行動を束縛するという一面があるではないか、とお思いかもしれません。一面ではそのとおりです。手順違いが許されない機械操作や調理手順などで勝手に手順を変更されては困ります。また、接客などの場面で標準的な対応を規定することは、一種の束縛かもしれません。ただ、マニュアルは金科玉条で、一度作成したら変更が許されないというようなものではありません。むしろ日々の店舗運営での気づき、問題、課題、クレーム、その他を取り込み、一般化、標準化できるノウハウをどんどん採り入れ、マニュアルが「最新ノウハウボックス」として機能するようにしておくべきです。

つまりマニュアルは常に変化、改善されてゆくものなのです。改善した結果、**その時点で最高レベルのマニュアルであっても、実際は70%の完成度、残りの30%は経営と現場で補完するものと考えるとよいでしょう。**マニュアルは行動の模範ではあっても、固定的、制約的なものではないという理解が従業員に共有されれば、束縛と感じることはなくなります。

ですからマニュアルの運用でも、そこに現場の判断や個人の気配りを加えることを制限してはいけません。優れたマニュアルは、理念に沿った行動とはどういうものかを具体的事例で示しています。その行動を繰り返し学んだ人は、マニュアルに示されていない場面であっても、理念に沿った行動を自分で考えて行なうことができるようになります。

例えば、ニコニコして入店する常連客に「いらっしゃいませ」と言ったあと、「今日は何かいいことがあったみたいですね」と声がけするようなことはマニュアルに示されてはいないでしょう。でも、その一言を付け加えることで、常連客はますますその店に親しみを感じます。顧客に安らぎを提供するという理念がその言葉に反映されているのですね。店員は、誰に強制されるわけでもなく、マニュアルに示されてもいない言葉で、理念を行動に移しているわけです。千変万化するお客様の気持ちに対応するには、マニュアルに示されていないことでも、クレドや理念に立ち返って考え、正しい行動をとる必要があります。

従業員にとって、行動に迷ったらまずマニュアルに答えを探し、そこに具体的な事例がなければクレド、それでも迷ったら経営理念に遡り、理念に沿って自分で考える、そんな導きの仕組みにより、経営理念は従業員に浸透していきます。**マニュアルは理念を現場に浸透させ、従業員に体現させるための重要な道具**だと考えていただきたいと思います。

2 理念に沿った正しい行動をストーリーで示そう

理念を行動レベルに落としこんで言語化したものが私の言う「マニュアル」ですが、落とし込み方は人によって違いがあります。

例えば、天才型と言われるリーダーがいます。典型的な人は長嶋茂雄元監督です。長嶋さんの指導法は、言語化した部分だけ取り出せば「球がこうスッと来たら、グゥーッと構えて腰をガッとし、バァッといってガーンと打て」というように、非常に感覚的なものだったそうです。そう言われてバッティングができるようになるのは、長嶋さん自身が、歩くマニュアルのような方だからでしょう。全身が野球理念の固まりのような人ですから、その行動と言葉による表現のはしばしから適切な行動の基本を汲み取ることができて、指導された本人がそれを解釈することで、適切なバッティングのやり方が習得できるというわけです。でも長嶋さんのような天才型のリーダーシップはなかなか真似できるものではないし、普通の人が真似したら十中八九、そっぽを向かれそうです。

だからといってバッティングの仕方を分解し、詳細に数値化して「腰の落とし方は○○度まで、腕の角度は◯◯度にして、球が体から◯◯センチまで来たら、秒速◯◯キロでバットを触れ」と言ってみても、誰もそのとおりになんかできません。リーダー自身が理解し尽くしていることでも、人にそれを言語化して伝えるのは、簡単そうでも難しいのです。

長嶋さんのように天才型リーダーではない社長は、どのように理念を言語化すればいいのでしょうか。

人は育てるのではなく育つもの

野球のたとえで言えば、落合博満元監督や野村克也元監督の指導法は、長嶋さんとはまるで違っていました。こちらのお二人は、揃って「選手は育てたのではなくて育った」のだという意味のことを言っています。プロ野球選手の仕事は結果がすべて、結果を出すためのプロセスは自分で考えよ、失敗を重ねて学べ、というのがお二人の指導法だったようです。監督在任中は、こと細かく野球技術を教えることはあまりなかったかもしれませんが、引退後の野球解説などを聞けば、実に詳細、緻密な技術論が言葉として出てきます。誰にでも理解できる具体的な言語化ができているのに感嘆したものです。おそらく、選手からの質問さえあれば、お二人はいつでも明快に具体的・詳細・緻密な技術や心構え、生活法などを答えられていたのではないかと思います。お二人に天才的な部分がなかったかといえば、あったに違いないですが、努力型の選手の才能を開花させる手腕が特に優れていたと思います。

「部下が育つように見守る」「本人自身で考え、失敗を糧にして成長させる」という人材育成の考え方は、多くの優れたリーダーに共通する特徴のようです。しかしその背後には、すべてのやり方が言語化できる力があったのではないかというのが私の仮説です。長嶋さんタイプのリーダーと、落合さん、野村さんタイプのリーダーと、皆さん自身はどちらに近いとお考えでしょうか。私は、一般的には、後者のタイプのリーダーシップをめざすべきではないかと思います。

ただ野球界とは違い、店舗ビジネスではもう少し考えなければいけないことがありますね。部下が自分で失敗を繰り返して成長する過程を見守るといっても、プロのスポーツ選手と、普通の若者とはモチベーションも、自分へのプライドも、目的意識も、だいぶかけ離れていることに注意しなければなりません。プロフェッショナルな世界で生きていく覚悟ができていない、普通の人材に対しては、やはり誰かが規範を示さなければならないと私は考えます。マンツーマンで社長が身をもって背中で教えることができるのは、会社が小規模な場合のみです。多店舗展開する場合には、やはり何らかのマニュアル、言語化された規範を示してあげることが不可欠です。

成功要因と失敗要因が理解できるストーリーが大切

　では、マニュアルはどのようなものが適切なのでしょうか。おそらく、単純化された業務手順を淡々と記したマニュアルも必要なのだと思います。間違ってはいけない細々とした業務プロセスは、どの仕事にもあるからです。しかし、それ以外の、特に接客に関する規範については、理念をどのように浸透させるかを考えて、マニュアルづくりをするべきだと思います。お客様は1人ひとりまったく違う人格をもっています。店舗に求めるものも、厳密に言えば1人ひとり違い、店員の言葉に対する反応も千差万別です。ですから、マニュアルにはあらゆるケースに対する正しい対応、正しい行動を書き尽くすことはできません。何千ページもあるマニュアルをつくったところで、お客様の要望や嗜好に合わせた行動をすべて記すのは絶対に無理なのです。

　では、接客など人との関わり方についてのマニュアルはどうあるべきでしょうか。型通りの、標準的な対応手順、方法は示すべきですが、それと同時に、なぜそれを標準的な対応にすべきなのかも、合わせて示す必要があります。なぜ、その対応をとるのが大事なのか、ということですね。それがわかれば、従業員は臨機応変の対応をとることができます。

でも、それだけでは足りないと私は考えます。私がお勧めするのは、従業員にストーリーを提供することです。ディズニーリゾートの従業員は「お客様に喜ばれた行動」を全員が共有できる仕組みをつくっています。例えば「警備の担当者が乗り物に乗っているお客様に手を振る」行動により「お客様もこちらに向かって手を振ってくれた」という結果が生まれたということを、その担当者1人にとどまらず、さまざまな職務につくキャストみんなが知り、真似できるときには同様の行動をとることで、「ハピネスの提供」というディズニーリゾートの理念がお客様に伝わるわけです。

警備担当者は手を振るように、なんて最初からマニュアルに書かれているわけではありません。同社の場合は非常にマニュアルが充実していることでも有名ですが、そこに記されている従業員の行動は70％まで、残りの30％は従業員自身で補完せよ、という考え方でつくられているそうです。理念が実現されたストーリーを共有することが、よりよい従業員の行動を生み出すエンジンになっているのですね。同様のことはスターバックスでも行なわれています。従業員の「感動体験」、すなわち業務でお客様に喜ばれたストーリーを5～6人程度の日常的なディスカッションで話し、共有できる仕組みがあり、それを一般的なシチュエーションに置き換えると、どのような行動になるかを、会社として議論し、共有するようにしています。リッツ・カールトンでも、従業員が1日の体験をスピーチする機会を設け、ストーリーを共有する取り組みをしています。

そんな大企業でなくても「○○をしたらお客様に褒められた」「お客様からのクレームに対して、こう対応したら喜ばれた」「こんな工夫をしたら、もう1点、商品を追加してくれた」などという事例は日常的に各店舗で発生しているはずです。それを言語化し、標準化できるようなら冊子にまとめてもよいですし、そうでなくとも例えば合同ミーティングの場で発表して、そこにいない人にも、人から人に伝わるようにすればよいのです。つまりは情報、**ストーリーの共有**ですね。現場の人間や管理側の人間にストーリーが共有され、理念に沿って正しい行動とはどんなものなのかをサンプルとして示すことで、実際には「マニュアル」そのものとして機能すると思います。

なお、従業員に示すストーリーは必ずしもサクセスストーリーばかりでないほうが有用です。失敗したストーリー、うまくいかなかったストーリーも、同様に示すことが大事です。重要なのは、**「成功要因」と「失敗要因」の両方を、従業員が納得できるように示す**ことです。それがあって初めて、従業員が具体的に自分の行動を考えることができるからです。

3 価値を伝えられるのは言葉だけと心得よう

さて、店舗ビジネスで競争力を生み出す要素は何でしょうか。価格と品質はもちろんですね。しかしそれ以上に重要なのは、価値です。「安くて品質がよければ価値があるから、それを買う」というのが消費者心理ですが、今ではそんな品物はたくさんあり、自分の店でそれを買ってもらう決め手にはなりにくいのではないでしょうか。

だからこそ、店舗には商品の価格と品質以外の付加価値が必要です。言ってみれば、ネットショップや他のリアル店舗では得られない、あなたの店にしかない価値を見つけ、それをお客様にわかってもらうことが重要なのです。

多店舗化すると言葉にならない価値は失われがち

あなたの会社が付け加えられる価値とは何でしょうか。たぶん、皆さんは少なくとも漠然としたイメージとしてはわかっておられると思います。それがあるから、これまで店舗経営が成功してきたはずです。しかし、自社の価値を言語化できているでしょうか。言葉にしなければ、お客様にも、従業員にも価値が伝わりません。

今までは、たとえ言葉になっていなくても、社長自身の行動によって、会社の価値がつくられ、強化されてきたでしょう。社長の行動を見ていた従業員にも、社長が抱いている会社の価値がぼんやりとはわかっていたかもしれません。ですが、社長の行動をつぶさに身近に見る機会が少ない、3店め、4店めの店ではどうでしょうか。多店舗化が進むに従い、従業員と社長との距離は、少なくとも物理的には遠くなります。それでもすべての店舗で同じ価値を提供するには、価値を言葉にして理解し、その価値を守り、さらに高めていくことができる仲間を増やしていく必要があります。

常に従業員とリアルに対面できるわけではなくなることを念頭に、「背中を見せて学ばせる」以上に、従業員に直接的に理念や社長の意思を伝える言葉が必要です。印刷物でも、手書きのポスターでもかまいません。ビデオだってよいのです。自社の価値を言葉にして、従業員とお客様に伝えることが大事です。

多店舗展開の前に答えを出すべき7つの質問

私の多店舗化養成塾では、参加者の皆さんに次のような質問を投げかけています。これらの質問に、あなたはすぐに、言葉で答えられるでしょうか。

自社の価値を見出す7つの質問

①自社に◯◯はナンバーワンだと名乗れるものはありますか？
②なぜそれがナンバーワンだと言えるのか、その証拠（エビデンス）を挙げてください
③既存顧客から選ばれる理由を、３つ挙げてください
④同業他社やその他一般的な店と比べ、自社は何がどう違いますか？
⑤他社とは違う、自社ならではの強みは何ですか？
⑥他社とは違う、自社のこだわりは何ですか？　ストーリーで説明してください
⑦自社を利用したら、どんな未来が待っていますか？

これらに明快に答えられるようなら、多店舗展開の準備はほとんどできています。その答えを、お客様に伝えてください。そうすれば、お客様は提供されるものの価格と品質という価値に加え、あなたが言語化した、会社の価値（付加価値）を上乗せして、他社の価値と比較してくれます。あなたの会社の価値が上等なものであれば、たとえ商品が同じでも、お客

様はより多くの対価を支払ってくれるでしょう。またお客様の満足度が高ければ、会社のブランド（評価、信頼）は高まります。ブランド力が高まることによって、お客様はあなたの会社のファンになってくれます。見込み客から顧客へ、そしてプレミアムな顧客（ファン）へと変えていくことができます。会社の強みを知り、それをより強化していくことで、お客様をいわば育てていくことができるのです。

ただ、塾の参加者の皆さんでも多くの方は、この7つの質問に完璧に答えてはくれません。少なくとも1～2店舗の経営に成功されている方ばかりなのにです。その要因は、おそらく、自社の魅力について、言葉にして考えた経験が少ないからなのではないかと思います。

7つの質問に答えることは、これまで述べてきた「理念」「クレド」「マニュアル」の3点の言語化にもつながります。この3点は、多店舗化を本格展開する前に、できるだけ整理して作成しておかなければなりません。7つの質問への回答を見つければ、自社の価値の本質が明確になります。明確になった自社の価値を、理念、クレド、マニュアルに反映していただきたいと思います。

でも、頭の中に漠然とした状態で存在している考えを、どのように言語化すればよいのでしょうか。次はそれについて考えていきましょう。

④ マニュアル会社も知らない「7つのポイント」を理解しよう

私の多店舗化養成塾では「マニュアルとは、組織の成功ノウハウ・失敗ノウハウを貯めておくノウハウボックスである」という言い方をしています。これは前節の要約になりますね。ノウハウが人に伝わらないと、社長が病気などでしばらく休んだり、優秀な社員が辞めたりすると、業務が滞り会社が回らなくなります。それを防ぐのがマニュアルです。ノウハウを貯め込み、それを人に伝える手段があれば、既知の問題に最善の対応・解決が図れます。そこに原因・行動・結果の再現性が生まれるわけです。再現性があれば、たとえ社長やベテラン社員がいなくても、業務は少なくとも当面、スムーズに流れます。そこが重要なところです。

ノウハウの言語化には質問の繰返しが有効

しかし、ノウハウを言語化するというのは実際には難しいものです。どうすれば人に伝わる言葉にできるのでしょう。私は「質問」を繰り返すことが有効だと考えています。ノウハウは、人間の頭の中に必ず存在していますが、たいてい体系化されていない、ばらばらの断片です。断片をつなぎ、原因と結果を結びつけ、知識をまとめあげていく作業が、言語化するためには必要です。その作業は深く考えることです。といって、ただ漠然と考えていても思考はなかなか深まりません。そこで、例えば「なぜお客様は商品を追加購入してくれたのか」「なぜお客様にクレームが生じたのか」などの質問に始まり、「そのときの店員の態度、行動はどうだったのか」、「なぜ店員はそのような態度、行動をとったのか」……とどんどん深堀りしていくことで、再現性のある、再利用できるノウハウが明確化してきます。**質問と回答、さらに質問と回答と繰り返し、やがて質問が尽き、底の底まで考えを深めたとき、確かなノウハウがシンプルに言語化します。**それをマニュアルにするのです。

マニュアル作成専門会社でも、このノウハウの言語化の領域にはなかなか手を出せません。それは社長と社員が一体となって行なうべきことで、外部の人には無理なことです。

もっとも、客観的に質問を繰り返し、思考を深める手助けをすることは、かえって外部の人間のほうがうまくできるかもしれません。問いかけの部分は外部のコンサルティングを利用してもよいかもしれません。ただし、自分で考えることを怠ってはいけません。すべての責任は会社にあり、最終的には社長にあることは忘れないでください。

さて、ノウハウの言語化を図るとき、考えを深めるのにもポイントがあります。それは

1	理念	理念を行動レベルに移すと〇〇では△△になる
2	コンセプト	コンセプトを行動レベルに移すと〇〇では△△になる
3	選ばれる理由	〇〇という場面で△△という行動をすることが、当社がお客様から選ばれる理由である
4	他社との対比	他社ではこの場面、普通〇〇という対応をするが、当社は理念を実現するためにあえて〇〇する
5	目的や意図	当社の理念やコンセプトを実現するために、この場面では〇〇を目的に行動する
6	優先順位	この場面での優先順位は３つである なぜなら当社理念が〇〇だから
7	成功事例	この場面では過去、理念を愚直に実践したことによりお客様からこのようなお褒めの言葉をいただいている

図１　価値あるマニュアルにするための７つの切り口

言葉を変えるとマニュアル作成の切り口です。

上図のような切り口で具体的な質問を重ねて思考を深めていくと、正しい答えにたどりつきやすいのではないでしょうか。大事なのは従業員が、正しい行動をイメージできることです。マニュアル化されたことをただ漫然と繰り返すのではなく、理想的な業務イメージに沿って行動できるようにしていく必要があります。

価値あるマニュアルにするための７つの切り口

①理　念

サービス手順のすべての場面での行動が、経営理念とどう結びつくのか、理念を実現する方法として何が適切なのかを、従業員を含めて議論しながら突き詰めます。飲食店なら、まずご案内、オーダー、中間サービス、会計、お見送りというような場面に分解できますね。それぞれの場面で、どういう行動が、経営理念に照らして適切なのかと質問し、このような手順、このような言葉がけ、このような態度……と、どんどん具体的な手順に落としこむ作業をしていきます。すると、「理念を行動レベルに移すと、ある特定シーンではこのような行動手順になる」という具体的な、生きたマニュアルのイメージができあがります。

②コンセプト

誰に、何を、どのように提供するのかをコンセプトとして一貫性をもたせます。一貫性というのはコーディネーションと言ってもいいでしょう。ファッションにたとえると、高級スーツを着ているのに麦わら帽子にサンダル履きだったら、とんでもないコーディネートですよね。飲食店でも、素敵な料理を提供するのに、入店時の対応や会計時の対応がぞんざいだったり、店内が汚れていたりしたら店の評価が台無しになることは言うまでもないでしょう。でも、それ以上に考えを深めて、どのようなターゲットの人に、どのくらいの単価のものを、どのような演出で提供し、お客様にどんな感情になってもらいたいかという細部までを明確にすることが、コンセプトを決めるということです。そのコンセプトをお客様に伝えるために、どんな店舗インテリアがいいのか、レイアウトがいいのか、店員のお声がけはどのようであればいいのか、と質問を重ねていきます。そして最終的に出てきた答えをマニュアル化すると、仮に他社と提供するものが同じであっても、オリジナルなコンセプトに沿って考えた店舗設計や接客態度、言葉などに独自性が生まれ、競争力をもつことができます。

③選ばれる理由

成功している店舗では、コンセプトにのっとって行なっている行動が、お客様がその店を選ぶ理由になっていると考えられます。そこで今度は、なぜ選ばれているのかを逆に考えます。例えば、他店よりも親切で、丁寧で、お客様と店員の接触回数が多い、というのが選ばれる理由だとするならば、どういう行動が親切、丁寧だと思われているのか、接触回数が多いことが好評価されるのは、何回以上、何回までなのか、というところまで議論していきます。

④他社との対比

一般的な同業他社で行なわれている手順と、自社の手順とを比較します。サービスの提供手順や、精算時の手順など、さまざまな場面で、一般的な手順との違いや一致を明らかにしていきます。なぜそこは同じなのか、なぜそこは違うのかを議論していくと、コンセプトの同一性や相違点に気づくことができ、自社のコンセプトに沿った適切な手順とは何かを言語化することができます。これが差別化につながります。

⑤目的や意図

作業手順をまとめていくうちに、作業を効率化することが目的のようになり、理念の実現、コンセプトの具体化という本質的な目的からフォーカスがずれていくことがしばしばあります。これに気をつけ、ある業務手順が意図しているところは何なのか、それは理念やコンセプトに対してどう結びついているのかを、絶えず自問自答しながら作業することが大事です。

⑥優先順位

店舗内の作業は分解すれば膨大な項目になります。この場面ではこの行動、あの場面ではあの行動、としっかり規定していても、どちらの行動をとるべきか迷うことがあります。例えば、料理ができてお客様のテーブルに運ぶ準備ができた時、ちょうど新しいお客様が来店され、同時に、食事が終わったお客様が精算しようとレジに向かっておられるとしましょう。店員はどのお客様の対応をするべきでしょうか。私ならご来店のお客様やご精算のお客様に「少しお待ちください」といって、料理を温かい状態で提供することを優先しますが、他の人は別の対応を優先するかもしれません。どのように優先順位をつけるかは理念やコンセプト次第ですが、何を優先するかを決めておくことは重要です。それは店舗内のチームの動き方にも関連します。ある人が料理の提供に動くなら、他の人は来店者のご案内に回ったり、精算作業をしたりすることができます。そのように優先順位を決めておくと、マニュアルに示す作業項目が膨大になっても従業員が迷わずに行動を選ぶことができます。

⑦成功事例／失敗事例

ノウハウがストーリーとして語られると、人の記憶に残りやすくなります。例えば「こんなささいなミスだったのに、大きなクレームとなり社長が謝罪する事態に発展した」とか、「小さな工夫だったのに、長く続けていたら、それに感動したお客様が常連になってくれた」「それまで誰も気づかなかった発想で店を繁盛させた伝説の社員がいる」とか、成功事例や失敗事例をストーリーとして語れば、単にこういうときはこうすべき、と言われるだけでは覚えられないことでも記憶に残り、「そういうことがあったのなら、これからは気をつけて対応しよう」「そんな小さなことでお客様が喜んでくれるなら、今度はこうしてみよう」というように、自分に即して考えてくれます。

多店舗化養成塾ではこれらのポイントを軸にして、各店舗のマニュアルを３カ月くらいをかけて作成していく方法をお伝えしています。目次づくりから始め、質問を何度も繰り返してノウハウを言語化する過程、さらに仕上がったマニュアルをどう運用していくかまでをガイドしています。そうして手づくりしていくマニュアルは、マニュアル専門制作会社がつくるものとはだいぶ異なるものになります。

マニュアルづくりの専門家がつくるものは、往々にしてスペック重視、説明重視の、教科書的なものになりがちです。そのような辞書的に使えるマニュアルを否定はしませんが、特に店舗ビジネスに限って言えば、**より従業員の心に刺さり、印象に残り、感情に訴えるマニュアルのほうが有用**だと考えています。また、専門業者を利用すると、更新するのに時間と費用がかかる点も課題です。マニュアルは常に最新ノウハウを示す必要がありますから、会社の中だけで、一般的なワープロなどを使って、いつでも必要な時に、コストをかけずに迅速に更新していけるようにしておくことがお勧めです。手づくりマニュアルのほうが、作成コストも安く済み、改訂しながら運用していくのに適しています。

5 チェックシートはＴｏＤｏと詳細に分けよう

マニュアルに含めるべき要素は、個々の作業手順ばかりではありません。先ほどの優先順位をつけることの重要性に関連しますが、作業のひとかたまりはいわば点です。店舗オペレーションは点と点をつなげていく作業になります。その線をどのように引くか、つまりどの順番で何をして、ゴールにたどり着くかというルートを決めることが、個々の作業手順に加えて重要になります。そのルートづくりが上手な人ほど、作業が効率的であり、生産性が高いと言えます。ベテラン社員は、その最短ルートづくりに長けています。新人社員はそれがうまくできず、生産性が上がりません。そのルートづくりを徐々に上達させていくために、チェックシートを利用した、タスクスケジュールと進捗管理が重要になります。

タスクを時系列に並べ、「ＴｏＤｏ」を管理

個々の業務の流れについては、社長やベテラン社員がこれまで行なってきた業務フローが、その時点では最善の流れと言えるでしょう。例えば「ある説明会を開催する」という業務で

宴会チェックシート　　スタッフ名〔アルバイト〕

宴会日時　1月1日　18:30　←開催時間を入力してください。

実行すべき時刻（自動計算）　実際に終わった時間　開催時間に対して、いつまでに終わらせればよいか？

	予定時間	処理時間	時間目安	TO DO	詳細
□	17:00	:	1:30 前	テーブルレイアウト	〈社員〉テーブルレイアウト図の作成、テーブルの設置
□	17:00	:	1:30 前	食器洗浄機	〈社員〉食器洗浄機、ガス、電源もスイッチを入れる
□	17:00	:	1:30 前	冷暖房	〈社員〉窓を閉めて、冷暖房のスイッチ
□	17:30	:	1:00 前	トイレのチェック	トイレの紙の補充、汚れ拭く、ごみ拾う、冬暖房便座のスイッチ。
□	17:30	:	1:00 前	喫煙エリア	空気清浄機スイッチ、灰皿を3個設置
□	17:30	:	1:00 前	テーブル	テーブルのレイアウト、移動、アジャスターで高さ調整。
□	17:40	:	0:50 前	照明	スポットの光軸をテーブルの中央に当てる
□	17:40	:	0:50 前	拭き掃除	次亜塩素酸ナトリウムスプレーでテーブルを拭く、窓のさん、荷物置き場、カウンター、ドリンク場、バックヤード、配膳エリアのテーブル拭く。
□	17:40	:	0:50 前	皿	レイアウト図を見てお皿を1テーブルに4名または3名着席する前提で並べる
□	17:40	:	0:50 前	箸	お皿の手前から4分の1のところに箸袋左側、削げ部分上側を確認して置く
□	17:50	:	0:40 前	おしぼり	皿とテーブルの端の手前側に横向きで置く

図2 「ToDo」と「詳細」を連動させたチェックシートの例

あるとすれば、説明会開催前の1時間前にしておかなければならない仕事がいくつかあるはずです。会場の確認や席の準備、配布資料の印刷・製本などさまざまな仕事があるでしょう。そして30分前には受付窓口の設営や参加者リストに応じた名札の用意などの作業があります。15分前には参加者をお迎えして席に案内するなど、時系列でさまざまな作業を行なう必要があります。説明会の中でも、説明会が終わったあとにも、たくさんの仕事があるはずです。

何をするのかは「タスク」と言いますが、たくさんのタスクを、実行すべき順番やタイミングに従って時系列に並べると、全体がスケジュールになりますし、実行すべきタスクの優先順に注目すると「ＴｏＤｏ」になります。私は、「ＴｏＤｏ」を従業員に示し、そのとおりに時系列で実行してもらうことが、ミスのない仕事のためにも、人材育成のためにも、重要だと考えています。これも、マニュアルづくりと運用の1つの重要ポイントです。

「ToDo」に連動する「詳細」を記述

説明会の開催というような特別なイベントでなくても、店舗ビジネスには例えば原材料仕入の発注前後でやるべきこともあれば、1日の営業終了後の締めのタイミングで必ず行なうこと、ごみ廃棄の際の手順など、あらゆる場面で「ToDo」による管理が必要なことがあります。一般的には「ToDo」はタスクの羅列であり、チェックシートに列記されている「ToDo」項目のチェックボックスにチェックを入れていき、抜け漏れがないかを確認しながら業務フローを実行するという形で運用されることが多いでしょう。私は、それに加え、新人従業員であってもそれぞれのタスクの意味を理解して実行できるようにするために、「詳細」を併記することを推奨しています。使いやすいのはExcelの表にタスクを書き込み、タスクの横に詳細を説明するというスタイルかと思います（前ページ図2参照）。パソコンでの利用を前提にする場合には、その詳細説明の中に、より詳しいマニュアルの箇所へのリンクを貼り付けておくことができますし、説明動画を作成してその動画へのリンクを埋め込んでおくこともできます。従業員はそれを見て、作業の優先順を抜け漏れなく確認できるとともに、疑問や不安を感じるタスクの場合は説明を読み、参照リンクをたどってより詳細な手順や動画による説明にたどりつくことができます。従業員1人1人がパソコンを利用できない場合でも、印刷したチェックリストによる個別管理が可能です。

タスクは忠実に実行、所要時間は人による差を

ただいくら「ＴｏＤｏ」を示しても、新人スタッフはそのとおりにできないのが普通です。その際はタスク実行に要する時間を、例えばベテラン社員の場合の2倍かかることを想定するように変更します。そして「時間を2倍かけていいから、必ずこの通りにやってほしい」と伝えます。**新人の場合は、3カ月から半年程度は、時間はかけても業務フローを一切変えずに実行するようにするのです。**そうすると、これまで社長やベテラン社員がやってきた業務フローが新人の頭にインプットされ、タスク実行スピードがだんだん速くなっていきます。同じルートを走るのに慣れてくるからです。タスク実行時のミスも少なくなってきます。そうなった時点で、今度は「自分なりのやり方でやっていいよ」と任せます。ただし、仕事の結果を何らかの基準で測定し、従来のパフォーマンスを下回ってはいけないということも告

げなければなりません。例えば、営業職であれば、成約率50％というのがこれまでの数字なら、50％を上回るやり方であればどのように業務フローをつくり替えてもいいとするわけです。結果が51％であっても、改善効果があるのなら、そちらのやり方のほうが、従来のやり方よりも優れていることになります。それがわかったら、これまでの業務フローを変更して、マニュアルを改訂していくことができます。新しい業務フローにすることで業績が改善するのなら、古いやり方にこだわることはありません。マニュアルは、新人スタッフと会社との合作になりますね。これを、たくさんの社員とともに行なっていくことで、どんどんマニュアルが洗練されていきます。**常に最高の事業パフォーマンスが発揮できるマニュアルに更新していくことが、「ToDo」管理を起点として可能になる**というわけです。

なお、あまり会社として経験がない業務であっても、社外からのプロフェッショナルな人材に関わってもらい、ノウハウを注ぎ込んでもらうこともできます。その結果がよければ、マニュアルはさらに洗練されたものになります。またそのプロ人材が去り、ベテラン社員が退社したとしても、マニュアルは残ります。その中に盛り込まれたノウハウはなくなることがありません。

多店舗展開のためには管理負荷とコストは不可避

このような「ＴｏＤｏ」管理を毎日続け、毎週、毎月、半期、１年といった単位でまとめて分析し、結果をマニュアルに反映させていくと、徐々に事業パフォーマンスが向上していきます。その結果として、他社にはない価値提供ができる可能性が生まれますし、従業員も成長を実感できるはずです。ただ、少々不安なのは、管理負荷とコストですね。

残念ながら、こうした管理によってマニュアルを洗練していくための管理コストは、従来よりも割高になることは覚悟しておかなければなりません。「ＴｏＤｏ」管理やその結果分析は、目の前の売上向上に直接結びつくものではありませんから、経営者としては「これ以上仕事を増やしたくない」と思って敬遠されるかもしれませんね。でも、こうした管理の仕組みをつくらないことには、多店舗展開は行き詰まります。

緊急対応ばかりに追われず、重要なことに意図的にフォーカス

成功哲学の名著『７つの習慣』の中で、著者のコヴィーは「時間管理のマトリックス」を示して「緊急事項への対応に偏らず、重要事項への対応を怠らないこと」を、未来の企業存

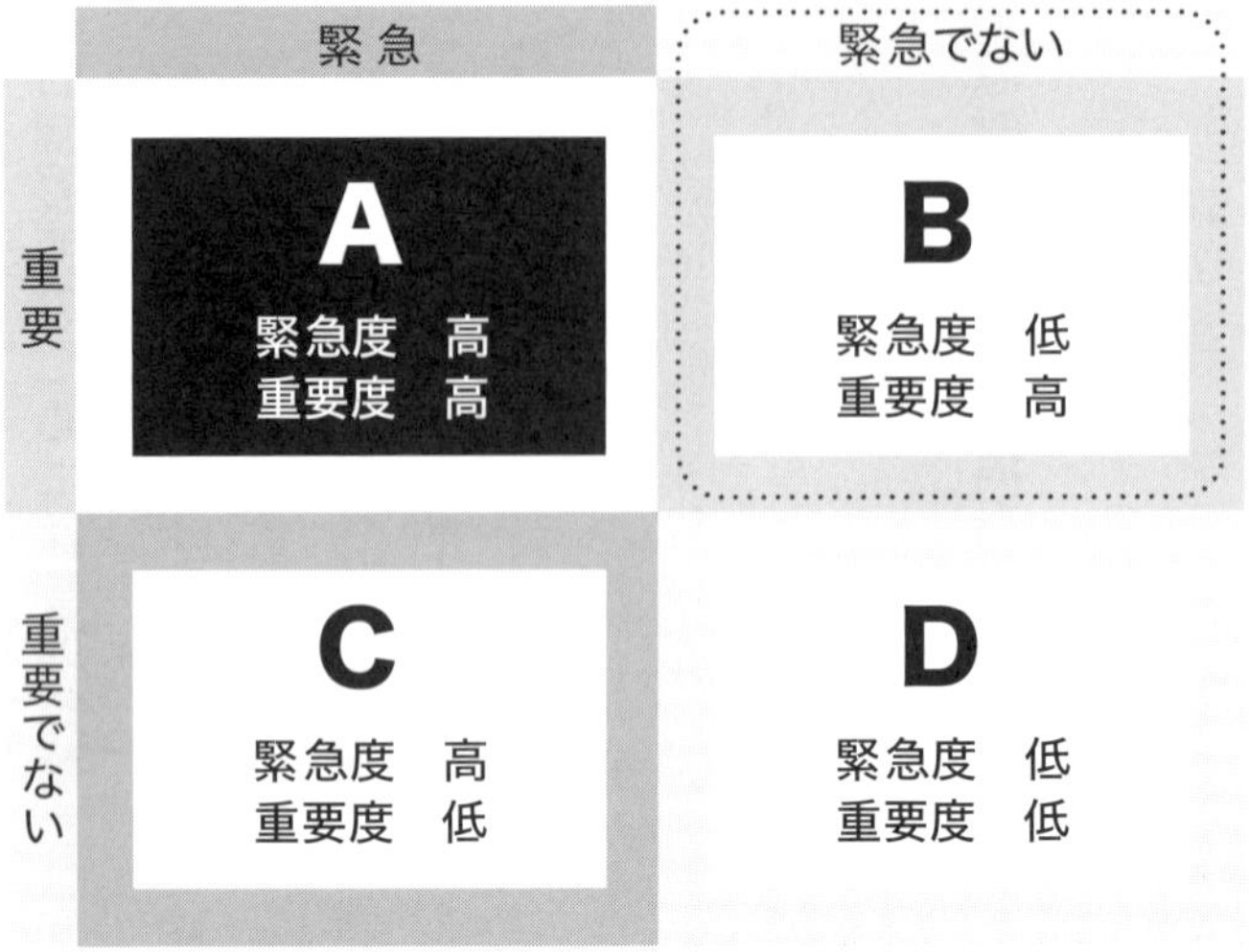

図3　時間管理のマトリックス

続のために重要である旨を語っています。
時間管理のマトリックス（上図）とは、仕事を緊急対応が必要な度合いと、経営に対する重要性の度合いによって4つの領域に区分して考える手法のことです。

第1領域は「重要、かつ緊急」を要するような災害や事故・病気などへの対応、締切直前のタスクなどへの対応、第2領域は「緊急度は低いが重要度は高い」人間関係づくり、準備や計画、自分磨きなどの仕事が当てはまります。

第3領域には無駄な電話やメール対応、多くの会議など、「緊急度は高いが重要でない」仕事が、第4領域にはほとんど意味がない「緊急度が低く重要でもない」仕事が当てはまります。

コヴィーは、成功のためには第2領域である「緊急度は低いが重要な仕事」にフォーカスすべきだと言っています。一般的には緊急度が高く重要な、第1領域の仕事を優先しがちになりますが、10年後に会社が生き残るというように長いスパンでの成功を考えれば、今は果実が得られなくても、やがて大きく実を結ぶための種まきや育成に力を注ぐべきだというのがコヴィーの指摘です。私もそのとおりだと考えます。なかなか成果が手に入らないので焦るかもしれませんが、時間をかけても会社の体力を養うことができる管理機能を充実させていくことができるかどうかが、特に中小の店舗ビジネスの未来を決めると思います。

ワタミ創業者の渡邉美樹さんも、自分の手帳に緊急に対応すべきことを書くとともに、緊急でなくとも重要なことを書き込み、忘れないで時間を確保することに気をつけていたそうです。社長にはやるべきことがたくさんあり、そのほとんどが急を要することばかりです。重要なことではあっても今やらないことで当面影響が出ない場合は、自然に後回しになっていくのが普通です。ここが落とし穴ですね。必ず緊急にやるべきことの合間に、意図的に、重要なことに費やす時間をはさんでいくことを心がけてください。

6 物事を「分ける」ことで「わかる」ようにしよう

「学ぶ」の語源をご存知でしょうか。古語では「真似ぶ(まねぶ)」というそうです。「真似ぶ」の意味は模倣するということです。他人の行動を真似することが学びという言葉のもとなんですね。マニュアルで学ぶということも、社長や先輩社員などが集めたノウハウを、自分で真似して身に付けることですね。また「わかる」という言葉は「分ける=分別する」と同源なのだそうです。ものごとを分解して、単純化すれば理解しやすい、ということから、理解する、納得するという意味になりました。マニュアルになぞらえれば、業務手順を分解して単純化していけば標準化しやすくなり、標準化された手順はシンプルになっているので学びやすい、真似しやすい、というわけですね。学びの仕方や、物事を分解・単純化して理解を進めるなんていうことは、実は古来から人間がずっとやって来たことです。マニュアルも「真似ぶ」や「分ける」を意識してつくるとよいのではないかと思います。「真似ぶ」のほうは、ここまでいろいろと述べてきました。「分ける」のほうもそうですが、もう1つ知っていただきたいことがあります。それは、**マニュアルの習得段階を「分ける」**ことです。

難しいことは分割し、ステージを分けて習得

マニュアルをつくると、必ず従業員から「これは難しい」という反応が出てきます。だから使えない、と続く場合がありますが、全部が難しいわけではないはずです。マニュアルの中には、だいたい社長がこれまでしてきた仕事のほとんどが含まれています。その仕事を「難易度」と「習得するための時間の長さ」という軸で、マッピングしてみることをお勧めします。数多くの仕事がありますが、すべてが難易度が高いということはあり得ませんし、難易度が高ければ全部習得時間が長くかかるというわけでもありません。次のページの図４は一例ですが、簡単で習得時間も短い作業から、難しくて習得時間が長く必要な仕事まで、かなりばらばらにマッピングされると思います。その中で、図中の下部の円内にあるような仕事、つまり簡単で習得時間も短い仕事は、マニュアル化するのも容易ですし、マニュアルを理解するのも簡単です。逆に図中の上部の円内にあるような仕事は、難しくて習得に時間がかかりますから、マニュアルを理解するのも難しいはずです。実は、「こんなの難しくてできません」という反応を呼ぶのは、この右上の部分にあるような仕事が中心なのです。新人にそれを実行せよと求めても、当惑してうまく実行できないのが当たり前です。そこで、マニュアルを

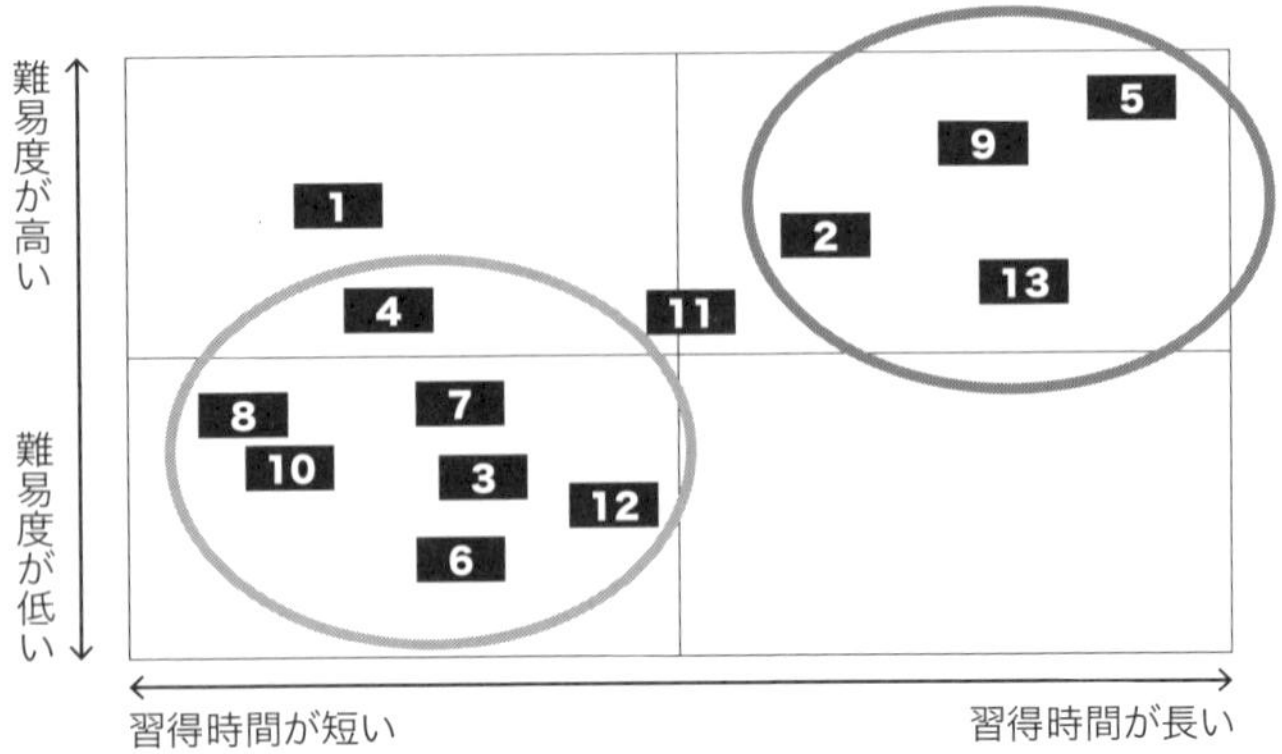

図４　仕事を難易度と習得時間でマッピング

習得するプロセスも分解し、単純なものに分けて、ステップ化して段階的な習得をめざします。

どういうことかというと、次ページの図５のように、ステージをいくつか用意することです。マニュアルの内容を、このようなステージごとに分割し、ステージを段階的に昇っていくことができるようにします。これが「体系化する」ということです。

それぞれのステージに達するには、いくつかの前提条件があります。その条件をクリアしているか否かが「ＩＮ」、つまりステージの入口を入る資格になります。そのステージで習得すべき内容が習得できたと判断された段階で、そのステージの「ＯＵＴ」、出口に達することができ、そのまま次のステージの「ＩＮ」に接続、入口に入れるという構成です。

算数を習うときには、数の数え方に始まり、足し算、

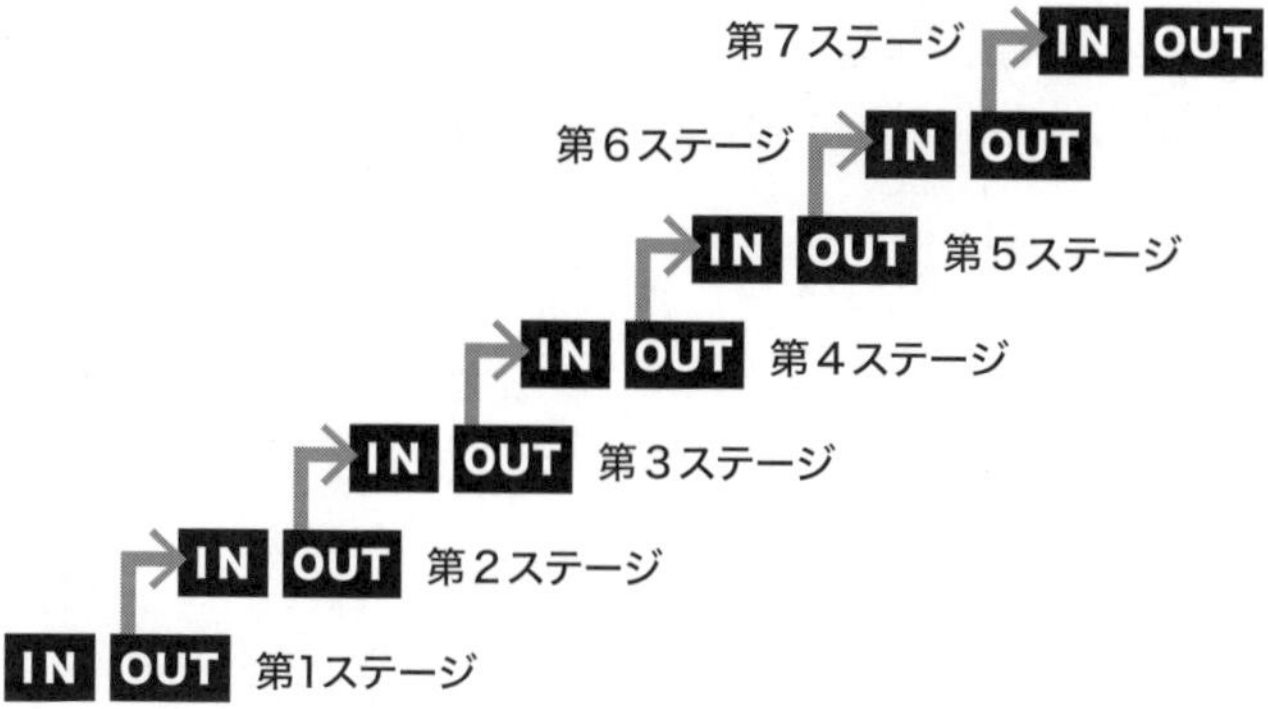

図５　習得ステージを設定して体系化

引き算、掛け算、割り算、そして分数や関数などだんだん難しいことを習っていきますね。そのように、いきなり難しいことを習得させるのではなく、最終的に習得させたいノウハウの前提となるノウハウを、段階的に習得させていく工夫をするわけです。

ステージは最大7つ、場合によって3つ、5つというわかりやすい単位で設計するとよいでしょう。また、各ステージの「ＩＮ」条件、「ＯＵＴ」条件は、定量的に判断できる基準を設けておきます。

クリアできたか否かは上司が判断することになります。テストを課してもよいでしょう。また接客態度などの評価の場合は、その場面を動画撮影して審査するといった手段もとれます。管理する側が、あまり難しい作業にならないように、しかし客観的な評価基準で審査する必要があります。

7 入社初日から「本学」を教えよう

マニュアルの意義やつくり方についてこの章では述べてきました。章の最後に、マニュアルを見たこともない新人の入社初日に教えるべきことは何かを考えてみましょう。

店舗ビジネスの場合、新人の離職率が最も高いのが、入社して1カ月から3カ月程度の間です。人の離脱を防ぐ最善の方法は、人の心のコップを上向きにし、人間として命を何に使うかの「本学」を注ぎ込み、そして経営理念を滲み込ませることでしたね。それがうまくいかなければ、この3カ月の間にせっかく獲得した人材を失うことになりかねません。

では、どのようにこの短期間に「本学」と経営理念を浸透させることができるのでしょうか。それには初日の対応が肝心です。

入社初日の人への対応のポイントは3つあります。

①不安を解消する

新人は、新しい職場で新しい仕事をするのですから不安があるのは当然です。不安がその人の許容限度を超えるほど大きくなると、人は辞めてしまいます。

では、あなたはどんなとき不安を感じ、どんなときに安心を感じるでしょうか。ほとんどの場合、仕事そのものへの不安よりも、一緒に働き、同じ環境で時間を過ごす他の人との関係なのではないかと思います。外国旅行に行ったとき、日本人と会うと、見ず知らずの人でも何か安心しますね。それと同じように、自分に似たところがある人がそばにいると不安は軽減します。

ですから、私は新人のトレーナーとして、そばに若い社員をアテンドすることをお勧めします。新人ではないけれどベテランでもない社員を、最初の教育係にするのです。

ベテラン社員は会社の多くを知っていますが、入社当時のことはよく覚えていません。入社半年程度の社員は、まだ入社当日のことも記憶に鮮明なはずです。新人が何を不安に感じているかを察して、不安に共感してくれます。共感が生まれると、それは新人にも伝わり親近感が強まります。

このように心理的な壁を少しでも崩していくことが、不安を消して心のコップを上向きにするために重要です。

②歓迎されていることを伝える

人は自分が期待されていると思えばモチベーションが湧いてきます。入社当日は誰でもモチベーションは高いのですが、それを維持してもらう工夫が必要です。

もちろんトレーナーや先輩社員、経営層が笑顔と言葉で歓迎することも大切です。ただ、それ以外に、例えば、入社オリエンテーションの会場にはウェルカムボードを設置して、自分の名前があるとか、自分のユニフォームがある、名札がある、自分のロッカーにすでに名前が貼られている、みんなが名前で呼んでくれるといった、小さい配慮が重なることで、新人は自分への期待を体感することができます。入社日の前に、できるだけ本人の心にリーチできる小さな配慮・工夫をしておくことをお勧めします。

③「本学」を教える

これが最も肝心なところです。前述したようにまずは「本学」を伝え、「末学」は後でいいということを忘れないでください。第2章で述べた「何のために自分の命を使うのか」という質問や、「3人めの石切り職人」の話などで、何を目的に働くのかを、入社初日にしっかりと考えてもらえるようにするべきです。

「本学」は価値観教育です。価値観を正しくもってもらうには、店舗オペレーションにまつわる「末学」的な行動が日常的に迫られるようになってから後では遅いのです。「本学」のベースがない状態で「末学」を学んでも、自分の生き方とのつながりで捉えることができず、ただ言われたままに仕事をする態度につながってしまいます。ですから、必ず入社初日に、「本学」の講義を設けることを、強く推奨します。できれば、面接の時点で、軽く「本学」への導入になるような内容を盛り込んでおくと、新人が当惑することもなく、スムーズにレクチャーできると思います。

これらの3ポイントは、早期の人材離脱を防ぐのに非常に有効です。特に、「本学」を最初に学ぶことで、その後の講義内容を「自分ごと」として学ぶことができます。入社初日には、このほか、経営理念、クレド、コンセプト、店舗内のルール、業務手順、マニュアル、ホスピタリティの概念などを伝えていき、アルバイトの場合は2時間程度、正社員の場合は1〜2日のオリエンテーションを行ないます。

オリエンテーションのゴールは、この会社に入ってよかった、明日からがんばろう、がんばりたいと思ってもらうことです。

オリエンテーションの当日は現場に入らずに帰ってもらい、その気持ちをかみしめてもらうと、モチベーションはますます上がります。

なお、帰るときには、その後の業務に必要な知識、例えば料理の略称、テーブルの呼び方などの細々とした決まり事をハンドブックにして渡し、ひと通り就業前に読んでもらうようにすると効果的です。

第5章
キャッシュフロー経営と財務的視点

1 失敗しない多店舗経営の3つの基軸を堅持しよう

経営者の使命は事業を存続させることです。そのためにテクニカルな面で一番大事なことは資金ショートを起こさず、倒産しないことですね。本章では、少しお金の話をします。

資金がなくなると新しい出店もできず、人件費も払えず、借入金の返済もできないので倒産に至るというのは単純な構図ですからおわかりのことと思います。しかし社長はわかっていても、ナンバー2にあたる中核的な社員が実はわかっていないということは、意外に多いのです。利益が出ているのだから、資金はあるはずだという短絡的な考えに、上級管理者ほど陥りがちなのですね。一般の社員や店舗スタッフは資金のことにはあまり関心をもたず、自分自身の待遇と、店舗の繁盛の状況のほうを気にしていますから、「こんなに忙しくしていて店も繁盛しているのに、賃金がちっとも上がらない。社長が儲けすぎてるんじゃないか」と、いわれのない批判をすることもあります。銀行借り入れのために社長が個人保証をしているところまで思い至る社員は少ないのが実情です。

しかし少なくとも上級管理職の人には資金繰りについてある程度理解してもらう必要があ

ります。多店舗展開で失敗しないように、社長と中心メンバーには次の３つの基軸で資金繰りを考えることをお勧めします。

①複数店舗のシナジー効果を最大化する

第1章で解説したように、多店舗展開の最大のメリットは、店舗を増やせば増やすほど利益率を高めることができることです。そのためには、既存店舗のノウハウが生き、大量仕入によるスケールメリットが最大限に生きるような業態での多店舗化が大事です。

フランチャイズへの加盟なら、本部のノウハウが使えるので異業種・異業態の店でも成功可能性はあるのですが、自前で多店舗化する場合には、自社が保有するノウハウだけでやっていかなければならないことに、くれぐれも気をつけてください。

②既存店のキャッシュフローの中で経営する

キャッシュフローとは、入ってくる現金と出て行く現金の流れのことですね。キャッシュフロー内で経営するというのは、今ある現金だけを使って店舗運営と設備投資や新規出店などを行なうことを言います。現金が入ってくるサイクルと出ていくサイクルをバランスよく設定し、常に手元に現金がある状態で、つまり内部留保を十分確保した状態で経営していくことを考えてください。

③ROI（投資収益率）を最大化する

ROIとは、「投資した金額でいくら儲かったか」を数値で表現するための指標です。その計算法は、次のとおりです（詳しい計算項目は183ページ参照）。

「営業利益額」／「初期投資額」×100（%）

つまり、儲かったお金を、儲けるためにつぎこんだお金で割った数字です。

一般的に儲かっているかどうかは、売上額、利益額、利益率が指標になりますが、ROIはそこに「どれだけ投資して、その効果がどれだけあったか」という視点をもち込んでくれます。これは財務会計の用語ではなく、管理会計の用語ですから、どのように計算するのが法律的に正しいというものではありません。**店舗ビジネスでは、一般的に年間の営業利益額を初期投資額で割ることで算出しています。**ただし、使ったお金のうちどれを投資額と考え、どれをコストと考えるのか、会社によって違うかもしれません。少しあいまいなところかもしれませんが、だいたい店舗物件の取得費、設備工事費、開業費などが投資額に含まれます。

またオープンからすぐに利益が出るわけではないので、当面の運転資金も投資額に算入してもよいでしょう。

この計算で出てくるのは、あくまで自社の基準という枠内ではありますが、会社の事業パフォーマンスです。自社にどれだけのポテンシャルがあるのかを測る基準となります。

この数字をまずは算出し（見える化し）、例えば利益額が投資額を何年で上回るかを予測します。1年で投資した金額分の利益が出せるならＲＯＩは１００％ですね。これなら1年でお金が取り戻せることになります。ですが、普通は33％以上くらいを目標にして、３年で取り戻せるくらいに考えるのが望ましいのではないかと思います。

ＲＯＩを常時計測しておくと、例えば社長自身が店長を務めていた店に新しい店長を月30万円で雇い入れ、自分が店長から外れた場合のＲＯＩをシミュレーションすることができます。単純に売上額や利益率を見ているだけでは難しい投資判断が可能になりますね。多店舗展開の場合には、ＲＯＩの高い店舗の量産化をお勧めします。

これら3基軸で経営を考えていけば、多店舗展開を安全に進めていくことが可能になります。次節からさらに詳しく見ていきましょう。

②「シナジー効果」を最大に生かす戦略を立てよう

多店舗経営のメリットを生み出す最大のポイントがシナジー効果です。シナジー効果がどれだけ出せるかが、成功の鍵になります。第1章では1店舗での利益率が3％なら、10店舗に増やせば2倍の6％、フランチャイズ展開して100店舗まで増やせば51％と飛躍的に伸ばせることを示しました。そんな結果を生むのがシナジー効果でしたね。

シナジー効果を世界で一番うまく利用している企業はどこでしょうか。私はインターネットショッピングを世界に普及させたアマゾンだと思います。なんだ、ネットショップの話か、と思わないでください。リアル店舗でも参考にできる特徴が、アマゾンの戦略にはあるのです。その経営戦略の特徴は、次の3つのポイントです。

①スケールエコノミー（規模の経済）

大量仕入れが仕入単価の低減につながるのは常識ですが、サービスも規模が大きくなればなるほど低コストになります。従業員の給料の話ではありませんよ。さまざまな取引やサービス提供に関わる間接費が、低コストなプラットフォームを共通して用いることによって劇的に低減するのです。同じサービスがより低価格で利用できるとなれば、お客様にとってメリットです。それが、現場スタッフの負担軽減につながり、会社の利益につながり、サービス品質を上げることにもつながります。

リアルな店舗でも、店舗運営の仕組み化が洗練されていれば、同じ仕組みが新しく出店する店舗でも使えます。その仕組みは、いわば自社の経営基盤（プラットフォーム）です。同じプラットフォームが複数店舗で使えるとなれば、そこで仕入単価の低減以上のシナジー効果による利益が生まれます。

②スコープエコノミー（範囲の経済）

同様に、同一のプラットフォームを利用して、アマゾンは本を売り、ＣＤを売り、家電品、日用品、果ては生鮮食品などまで、あらゆる商材を販売するように事業を拡大する一方、アマゾンプライムとして電子書籍、音楽や映画などのコンテンツを一定の料金で提供するサービスにも乗り出しました。これは一見すれば多角化なのですが、アマゾンの経営方針は実は違います。自社でやれることはどこまでかを見極め、シナジーを生むビジネスなら自社に取り込み、そうでなければ単純にネットショップとしてのスケールエコノミーを生かす方向で事業を展開しているのです。同社のビジネス成功の根源は、同社がつくりあげた超大規模なコンピュータシステムによるプラットフォームにあります。そのプラットフォームをAWS（Amazon Web Services）というクラウドサービスに発展させ、その利用料が現在の同社の主要な収益源となっています。そのプラットフォームが大規模な利用に対応し、さまざまな商材販売に柔軟に適合できるものだからこそ、スケールメリットを出し、スコープエコノミー（範囲の経済）も拡大可能だったのです。

スコープエコノミーの実現は、10店舗規模程度のリアル店舗経営では難しいでしょうが、フランチャイズ展開を考えたとき、将来の展開の方向性としては十分にあり得るものと思います。自社独自の「儲かる仕組み」が業態の違いを超えて共通化できるほどに洗練されれば、別ブランド、別業態にも進出が可能になります。やがて経験を積んだ段階で、そのプラットフォームを他に提供する、フランチャイズ展開も可能になるでしょう。

③ スピードエコノミー（速度の経済）

商品を注文すれば、早ければその日のうちに配達されるという極端なほどスピーディな物流システムを構築しているのもアマゾンの特長です。物流ばかりではありません。背後には発注システムがあり、在庫管理システムがあり、会計システムがあり、すべての領域がデジタル化され合理化が進んでいます。これは同社が早期から仕組みづくりに取り組んできた成果なのだと思います。

一方、リアル店舗で、フランチャイズ展開している会社では、自社専用の物流システムを保有するところが少なくありません。またデジタル化を進めてバックオフィス業務を合理化・省力化しているのも同じです。多店舗展開を行えば、アマゾンに似た考え方で速度の経済も実現できます。店舗内でのオペレーションには速度の経済の適用は難しいかもしれませんが、店舗間のオペレーションや仕入先などのパートナー企業間の取引を合理化することによるシナジー効果には注目すべきです。

なお、ネットサービスとリアル店舗ではまったくコンセプトが違います。しかし、もう一度言いますが、「大きく成長したいなら異業種に学べ」です。仕組みづくりで大成功している会社の、戦略的な優秀さに学び、3つのエコノミーの実現によって成長できるような戦略により、多店舗化を進めていくことをお勧めします。

3 キャッシュフロー経営で財務を改善しよう

利益が出ているはずなのに、現金がない。資金がなくて出店ができない。銀行に返済するお金がないし、従業員の給料も払えない……。そんな「勘定あって銭足らず」な状態に陥るのが、キャッシュフローに注意しない社長の特徴です。

「売上金額より支払い金額が低いのだからお金があるはずだ」という勘違いをしないように、左ページの図のような「絵解き」をしてみてはどうでしょうか。

この図は、一般社団法人日本キャッシュフローコーチ協会の代表理事をしておられる和仁達也先生からご教示いただいた「お金のブロックパズル図」のつくり方に習ったものです。

この図では、売上高年間10億円の会社を想定しています。その10億円の中から、人件費を4億円支払い、その他の固定費（地代家賃、水道光熱費、接待交際費、リース料、広告宣伝費など）2・8億円も支払います。固定費の中には計算上、減価償却費も含みますが、実際にはお金が出ていっているわけではありません。変動費は原材料費、仕入原価、販売手数料、消耗品費といった部分ですが、こちらは店が繁盛すればするほど増えていく出費です。ここ

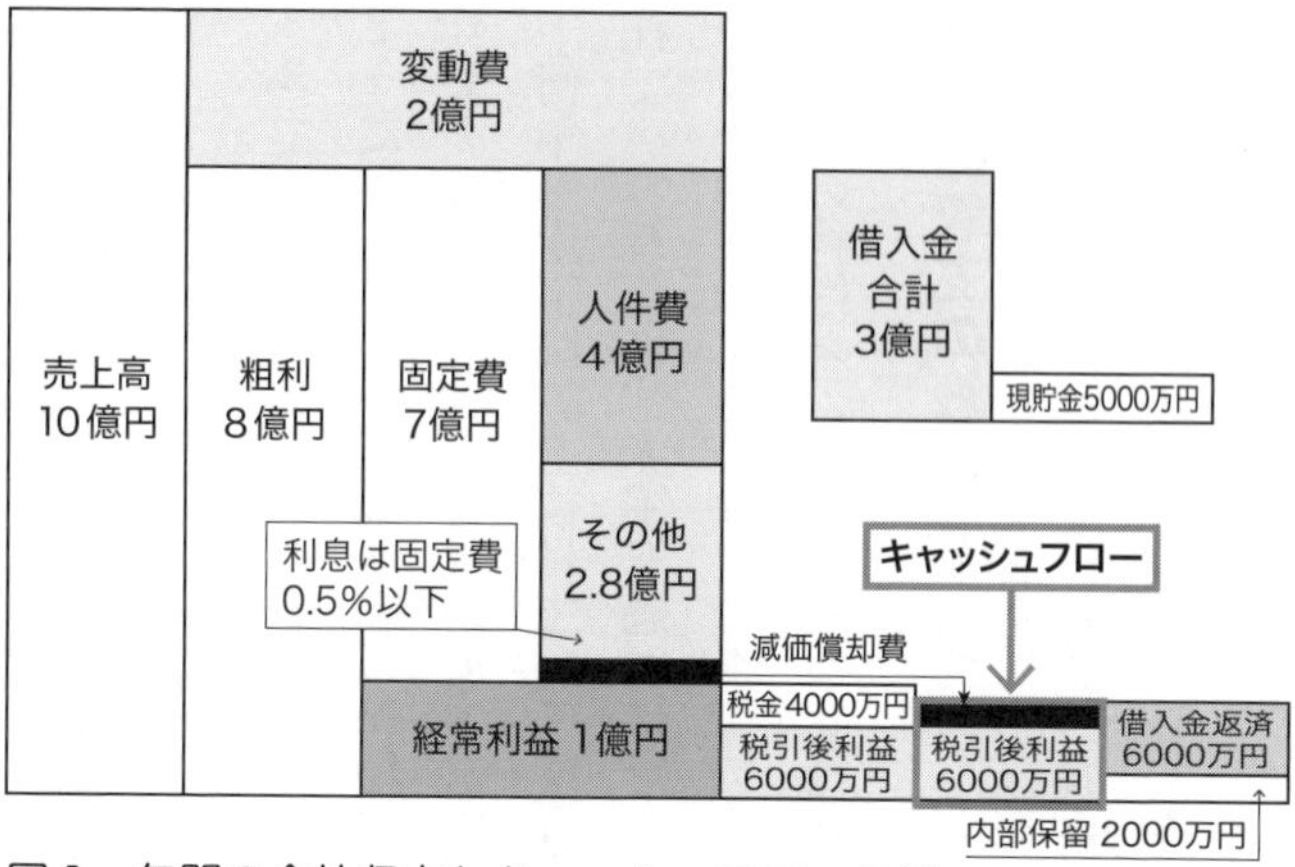

図1　年間の会社収支とキャッシュフローの例

では２億円と見ています。

これらの支払いの後に残るのが経常利益で、１億円ですね。これに対して税金が４割かかって、税引き後利益は６０００万円、これに減価償却費分の実際に出ていっていない金額を載せて８０００万円ですね。これが手持ちの現金＝キャッシュフローです。ここから金融機関への借入金返済をしなければなりません。６０００万円返済すると、残るのは２０００万円です。この金額を貯めこんで、次の出店や設備投資にあてることができます。

このようにキャッシュフローを見ていれば、使えるお金がどれだけあるかが正確にわかります。これができれば、財務改善が可能にもなり、多店舗展開も失敗しないで済みます。

4 儲かっていると判断する基準を決めよう

さて、キャッシュフローが次の出店の原資になるため、常にキャッシュフローが多くなるようにするのが多店舗展開の条件になるわけですが、そう簡単ではなく、赤字が出るケースもままあります。もちろん赤字が出たからといって会社が即倒産するわけではありません。十何年も赤字決算を続けていても優良企業と言われる会社もあります。金融機関から信頼されているうちは、赤字を過度に恐れなくてもいいのです。とはいいながら、やはり赤字状態で多店舗展開するのはリスキーです。ここでは、「危ない財務状態」と「正常／優良な財務状態」の会社の特徴と、どのような状態が「儲かっている」と判断できるのかについて解説します。

会社の収支の6パターン

ブロックパズル図は、会社の財務状態を理解するのに便利ですね。同じように、「危ない財務状態」の会社の状態を描いてみたのが、左ページの図です。ここでは「会社の収支」を描いていますが、「各店舗の収支」と置き換えて考えてみてもいいでしょう。

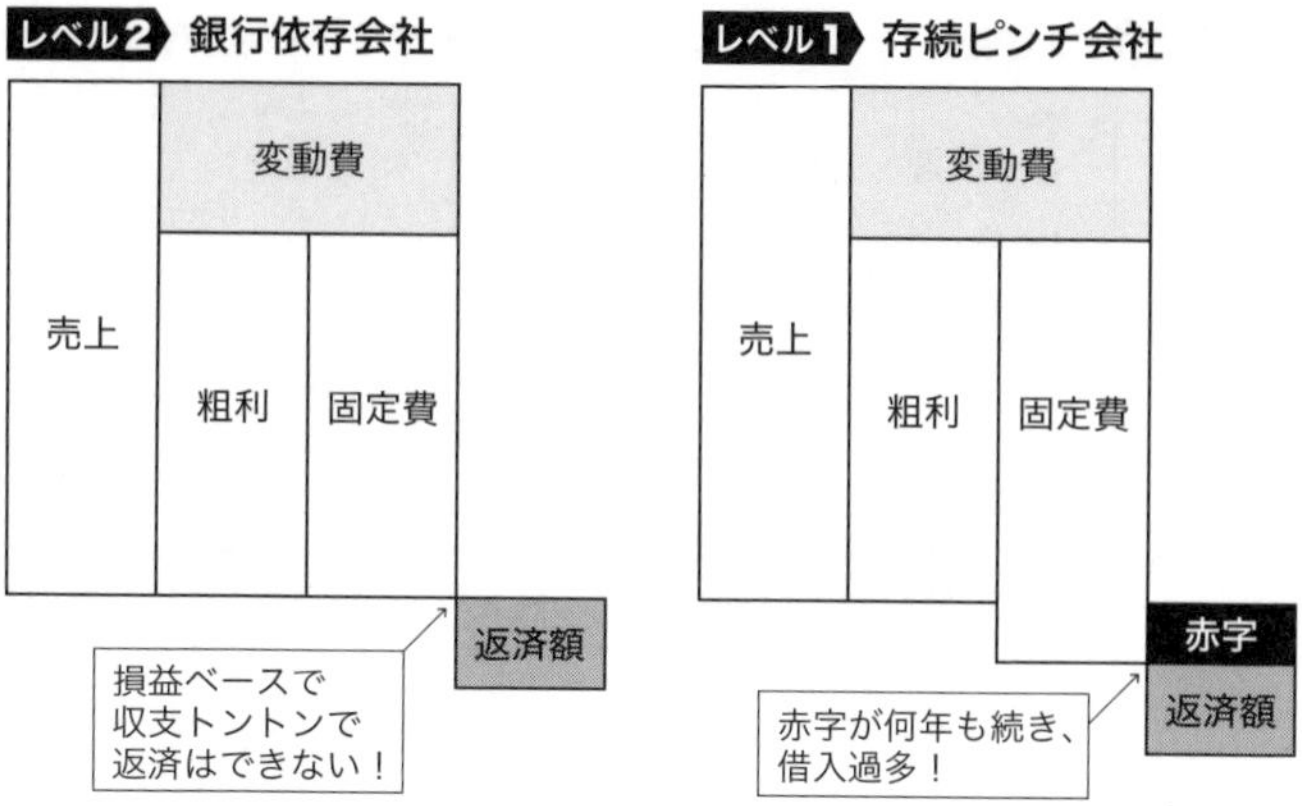

図２　年間の会社収支の例：レベル１とレベル２

まず、「レベル１」の会社を見てみましょう。これは典型的な赤字続きの会社の収支モデルです。キャッシュフローは税引き後の当期純利益＋減価償却費ですが、売上から変動費、固定費を引いてマイナスになるようではキャッシュフローは生まれません。これでは銀行からの借入金返済もできず、返済を待ってもらうか、他の金融機関から借り入れるか、あるいは社長個人で赤字分を補填しないと、従業員に給料も払えません。うまく補填できなければ、すぐにでも倒産してしまいます。

「レベル２」の会社は、少しだけ改善していていまます。しかし変動費と固定費の合計が売上と同じ、粗利が全部固定費に回るという状態で収支トントンですが、やはりキャッシュフローは赤字で、借入金返済には他の金融機関などに頼らなければなりません。

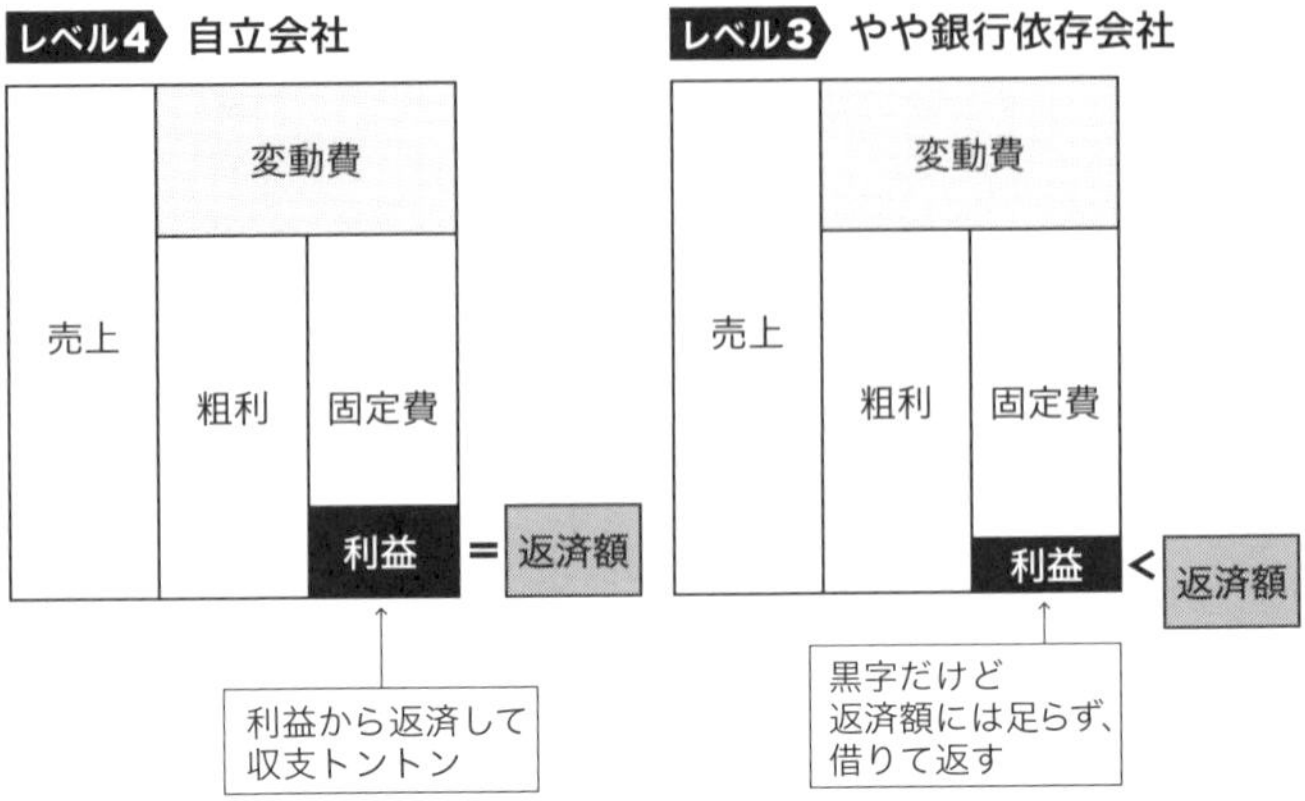

図3　年間の会社収支の例：レベル3とレベル4

もしメインバンクに将来の展望が描けないと判断されると、一括返済を求められて倒産ということにもなりかねません。銀行の胸三寸で会社の未来が決まるという意味で、**「銀行依存会社」**です。

上の図の「レベル3」の会社はどうでしょうか。こちらは黒字です。やっとこの状態でキャッシュフローが生まれるわけですが、借入金返済には足りません。銀行が返済の猶予や返済計画のリスケジュールに対応してくれる場合や、1つの金融機関にまとめて借り換えることができる場合はうまくいくかもしれませんが、それは当面だけの話です。やはり危ないことに違いない**「やや銀行依存会社」**ですね。

「レベル4」の会社では、利益が増えて、キャッシュフローは黒字になり、借入金返済に丸々回せる状態です。ここまでくればひと息ついて、会社を維持

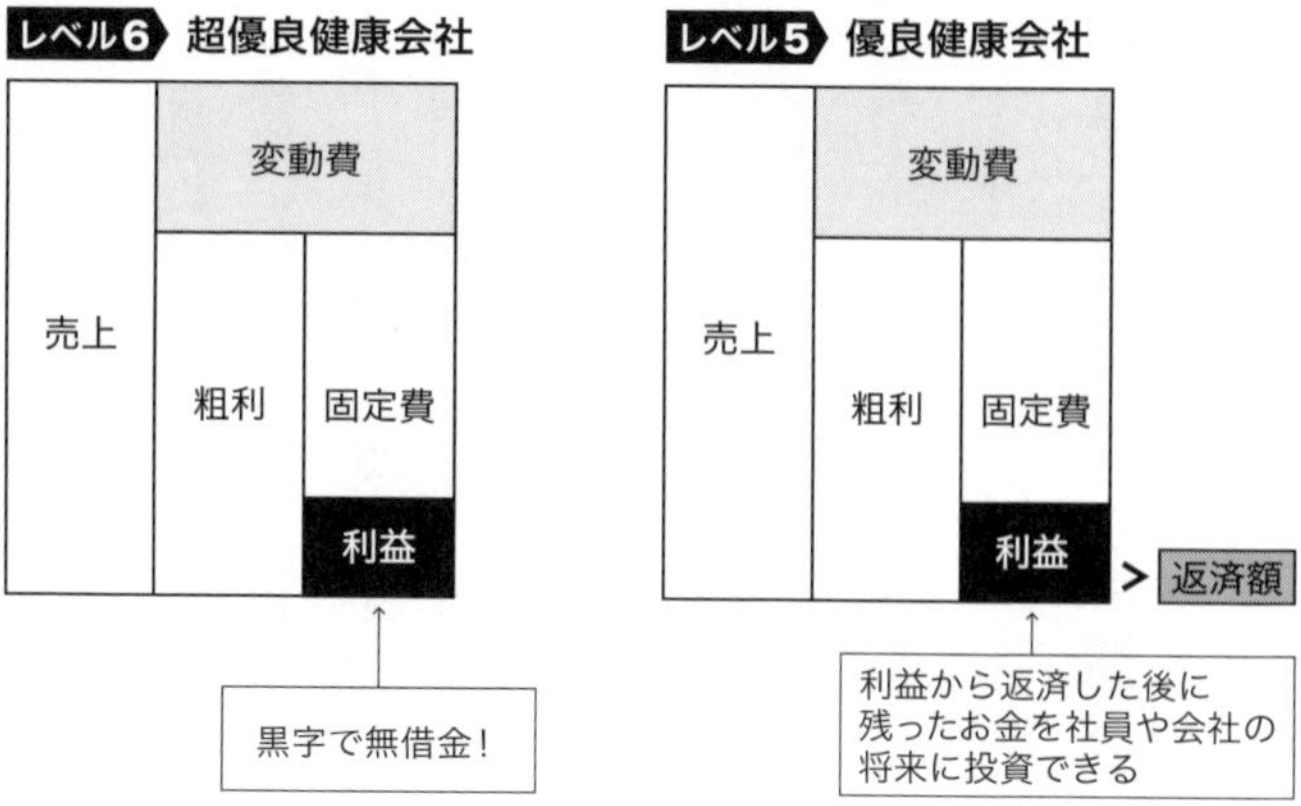

図４　年間の会社収支の例：レベル５とレベル６

できることにはなりますが、設備投資に回すお金がないので、事業を発展させることが難しい状態です。次の店舗を出店したいと思っても、原資がないので、やはり銀行などの融資に全面的に頼るしかありません。しかし既存事業を維持するだけなら大丈夫なので、「**自立会社**」と呼んでいいでしょう。

「レベル５」の会社は、前節のキャッシュフローのサンプルとして見た会社と同じですね。キャッシュフローの中から借入金を返済しても内部留保ができる状態です。これなら、次の出店のための原資を貯めることができます。「**優良健康会社**」と言えます。

「レベル６」の会社は、さらに利益を上げていて、借入金を完済して無借金経営ができている状態です。ここまでくれば「**超優良健康会社**」です。日本の会社でこのレベルになっているのは数パーセントに過ぎません。ただし、多店舗展開を図るには「レベル6」よりも「レベル5」をめざすことをお勧めします。実際、成功企業は「レベル5」の企業が多いのです。なぜでしょうか。銀行から融資を得るのに有利だからです。銀行が大事にしているのは取引実績です。緊急に資金が必要になることはどの企業にもあります。そのときの融資判断に、返済実績が多いほうが有利に働きます。銀行はお金を借り続けてくれる会社のほうを優遇するのですね。そのほうが儲かりますから。銀行との良好な関係を維持するために、仮に資金に不安がなくても、銀行からある程度の借入をして、返済実績づくりをしている企業が多いのが実態です。

この財務状態のパターンは、多店舗経営の1店1店についても同様に考えることができます。会社として全体の財務状態が「レベル5」を保つようにしながら、「レベル1」〜「レベル4」になった店舗に対して、どれだけ赤字補填が必要か、経費節減可能性がないか、売上拡大策がないか、またシナジー効果が本当に発揮できているのかなどを検討し、改善策をそれぞれのケースでとっていく必要があります。

ROIを算出し、経営戦略に生かす

収支の状態を把握するのは「儲かっているかどうか」を判断する1つの目安です。私はこ

ROI(投資収益率)＝年間利益(額) ÷ 初期投資額 ×100(%)			
年間利益	●営業利益 ●キャッシュフロー	●経常利益 ●税引き後当期利益	●税引き前当期利益
初期投資額	**物件取得費** ❶ 敷金 ❷ 保証金 ❸ 仲介料 ❹ 礼金 ❺ 業務代行費 ❻ 立地診断費 ❼ 造作買取費 **フランチャイズフィー** ❶ 加盟金 ❷ 加盟保証金	**開業費** ❶ 食器厨房機器類 ❷ 折り込み等の販促費 ❸ HP立ち上げ費 ❹ メニュー等の印刷物 ❺ ユニフォーム ❻ 開業備品 ❼ 電話・通信費 ❽ 保険・申請費 ❾ 有線(BGM) ❿ 開業前家賃 ⓫ 開業前人件費	**設備・工事費** ❶ 建設工事 ❷ 外構工事 ❸ 内装工事 ❹ 外装工事 ❺ 厨房設備工事費 ❻ サイン工事費 ❼ 設備工事費 ❽ 空調機器費 ❾ デザイン監修費 ❿ POSレジシステム ⓫ 解体費用
	(場合によって)単月黒字までの運転資金		

図5　ROIの計算法と、初期投資の内訳（例）

れに加え、ＲＯＩをそれぞれの店舗ごとに測定することも、同様に大事だと考えています。ＲＯＩ算出に必要な利益と投資の項目の例を上図に示します。特に初期投資に関しては各店舗で異なる部分が多いでしょう。フランチャイズ加盟の場合の初期投資項目についても加えていますので、参考にしてみてください。

　ＲＯＩは自社の経営パフォーマンス測定のための指標であり、算出法の細部は会社ごとに違って当然です。自社の経営戦略立案のために、正確に事業パフォーマンスが測定できる算出法を見出して、ＲＯＩを経営のボトルネックや課題の解消のために役立てていただきたいと思います。

5 数字をつくる力と読む力を同時に磨こう

キャッシュフロー、収支、ＲＯＩとお金の話ばかりしてきましたが、経営者の方でもこうした数字の話を敬遠してしまう方が多いのが実情です。でも、会社経営は理念や情熱だけでは回りません。どうしてもお金の計算が必要なのです。

数字をよく見ず、「だいたいこの調子でいけるだろう」と経験と勘だのみの「どんぶり勘定」により、経営の意思決定をして失敗する社長が未だに少なくないようです。モノがあれば売れ、サービスを始めればみんなが利用する景気のいい時代はとうの昔に過ぎました。好景気時代の成功体験から少々リスキーでも挑戦してみようと、詳細な数字の検討なく多店舗化に取り組むのは大きな失敗のもとです。

経営戦略決定には、事業の定量分析を常に行なうことが重要です。それには数字に強くならなければなりません。といって、数学をもう一度勉強し直してくださいとは言いません。数字が必要になるのは、何にどれだけ投資し、コストをどの程度に収めるのか、売上は何パーセント拡大すればよいのか、などという戦略決定の場面と、店舗の責任者から報告される会計情報や店舗情報の数字を前にした解釈と分析の場面です。高等数学を使った分析もいつかは必要かもしれませんが、**10店舗以上への拡大を図るレベルでは、基本的な算術知識と表計算ソフトの利用で十分対応できます。**ただし、数字を使い、数字を読むための重要ポイントは理解しておく必要があります。数字を使うスキルと読むスキルは実際は同一です。そのポイントは、次の7ステップでほぼ網羅できます。

①数字を扱う目的を明確にする　何のために数字が必要なのかが決まっていないと、分析もできず目標設定もできません。例えば「売上拡大目標値を決める」「各店舗のROIを比較する」など、明確な目的設定が大事です。数字は決断のための材料です。意思決定責任者が「どんな数字があればものごとを決められるか」を考えてください。

②仮説に沿って必要な情報の範囲を決める　経営にまつわる数字には膨大な種類がありますから、やたらにたくさんの情報を集めても目的に沿って整理できません。まず「この分析のためにはこの情報が役に立つはず」「目標設定にはこのデータを使うとよいだろう」と仮説を立てて、必要な情報の範囲を絞っていきます。

③情報を収集する　仮説に従って必要と考えられる情報を集めます。各店舗から収集できる情報が一番大切ですが、一般に公開されている情報の中にも使えるものがあるでしょう。競合他社の公開情報なども役に立ちますし、公的機関の統計情報なども有用です。

④条件を整える　収集した情報の分析にあたって、処理の前提となる条件を整理します。例えば「来店者の属性分析をするとき、家族連れのお客様をどのように分類するか」とか「ターミナル駅周辺の店舗とロードサイド店舗の来店者情報を一緒に扱ってよいか」などの条件を決めていきます。

⑤情報を処理する　収集され、整理されたデータをどのように加工し、計算処理や抽出処理を行なうかを決め、実行します。この段階でできたレポートが、意思決定のための検討や、会議での議論の材料になります。

⑥結果のレビュー、解釈を行なう　レポートに示された数字（あるいはグラフなど）を見て、最初の目的に沿って解釈を行ないます。「この店舗ではキャッシュフローが減少し続けて

いる」とか「売上に対して人件費が異常に高い店舗がある」などと考えるわけですね。

⑦ 解釈した結果に基づいて行動する

解釈結果により、例えば「キャッシュフロー減少店舗ではキャンペーンを行なって売上拡大しよう」「売上に対して人件費が高い店舗では人材管理に問題がありそうなので調査しよう」などと、具体的対応を決め、実行していきます。

主に数字を読むこと（分析すること）を例にあげましたが、数字を使う場合でも同様のステップで自然に正確な数字使いができるようになります。実際の業務と数字がリンクしていれば、現実的な目標値設定も正確にできるようになりますし、部下から報告されたレポートの誤りや不完全さに気づくこともできます。**数字は、経営にとって転ばぬ先の杖です。**私が主催し、塾長を務めている講座の1つに「店舗ビジネス数字力養成塾」があり、そこでは経営に関わる数字の読み方と使い方についてじっくり解説しています。同塾に参加されるかどうかはともかく、この7つのステップに沿って、数字に慣れていくことが大事です。

情報の処理にはＥｘｃｅｌなどのツールが使えますが、目的設定や結果の解釈と行動は、人間でなければできません。成功している企業の社長は、とても数字に強い方ばかりです。

6 回収が先、支払いが後のビジネスモデルをつくろう

赤字を出さなければ倒産のリスクはまあないだろう、とお考えかもしれません。でも、実際には**黒字倒産企業は全倒産企業の約半数**（2017年実績）にのぼります。なぜかといえば、手元の現金がなくなってしまうからです。キャッシュフローが確保できていないと、最悪の事態に至る場合が多いのです。もちろん長期にわたって借入金返済を上回る利益が出せず、内部留保が底をついているという理由もあるのですが、入ってくるお金よりも先にお金が出て行ってしまうことで、資金繰りができなくなる場合も多いのです。これはつまり入金と出金のサイクルの設計・運用がうまくいかなかったということです。

入金サイクルの魔物に気をつけよう

第1章でも「入金サイクルの魔物」として紹介しましたが、物品やサービスの仕入時期と代金の支払い時期は同一ではありません。商品販売やサービス提供をした時点で入金があるとも限りません。特に掛け取引や手形取引などでは入金と出金の時期が数カ月もずれること

が当たり前です。多くの会社がこのトラップに引っかかってしまいます。

売上が発生してから入金があるまでの期間を「入金サイト」、仕入が発生してから支払いまでの期間を「出金サイト」と言いますが、**資金繰りが悪化するのは入金サイトが長くなり、出金サイトが短くなるときです。**どちらか一方でも苦しくなりますし、両方だとさらに厳しいですね。例えば１００万円の仕入をして同額の売上が上がった場合、入金サイトが90日、出金サイトが60日だと、差し引き30日の間、１００万円の資金が手元になくなるわけです。

逆に資金繰りがラクになるのは入金サイトが短くなり、出金サイトが長くなることです。今の例で入金サイトが60日で出金サイトが90日なら、30日間は１００万円の資金が手元にあるので安心ですね。

資金繰りを改善する方法

では、どうすれば資金繰りがうまくできるでしょうか。一般に資金繰りといえば、どこからお金を借りるか、の話になりがちです。手元に現金がなくなることがわかれば、その分を借りて補填しようと考えるのですね。しかし借りたお金は返さなければなりません。財務状態を改善する効果は一時的なものでしかありません。

もう1つの方法は、例えば仕入先と交渉し、25日締めの翌月末払いの条件なら翌々月15日払いに条件を変えてもらうことです。1回取引条件を合意してしまうと変更が難しいので、最初の契約段階でうまく交渉することが大事です。なかなか了承してもらえるものでもないですが、絶対無理なことでもありません。また仕入先との掛け取引や手形取引が可能ならそうしてもらい、販売先との掛け取引や手形取引はやめることを交渉するのも有用です。

さらにもう1つの方法は、これが一番本質的な対策ですが、経営を見直して儲けられる仕組みをつくることです。十分に儲けていれば、つまり利益率が高く利益額も大きい状態なら、内部留保が十分にでき、入金サイトや出金サイトの変更交渉をする必要もなくなります。資金繰りのための借入もしなくてよいので、関係者全員がハッピーになれますね。上手に多店舗展開を行なって、そんな状態をつくることをめざしましょう。

資金繰り表を作成して資金ショートリスクをチェック

上手な多店舗展開でハッピーになるためには、社長はキャッシュフローを常時監視しながら、資金繰り表を利用して収支のバランスを見ていく必要があります。資金繰り表は3カ月から6カ月くらいの出金と入金をリスト化したものです。長期の経営戦略を練るときには1

月次 資金繰り表　実績・計画

期末（8月）　（円）

	2019年〇月 第〇〇期	1月	2月	3月	4月	5月	6月	7月	8月	9月	10月	11月	12月	合計CF	売上比率
営業収支	DL部門売上	9,720,002	7,660,138	5,687,156	5,005,510	7,225,803	6,723,892	11,826,748	11,554,634	7,195,172	7,440,342	9,065,195	9,009,080	98,113,682	58.16%
	店舗部門売上	5,078,175	5,439,272	5,513,548	5,574,886	4,583,412	6,638,532	5,877,337	6,446,397	6,525,321	5,829,505	5,508,799	7,578,319	70,593,803	41.84%
														0	0.00%
	その他 収入													0	0.00%
	売上高合計	14,798,177	13,099,410	11,200,704	10,580,396	11,789,215	13,362,424	17,704,085	18,001,031	13,720,493	13,269,947	14,573,994	16,587,400	########	100.00%
	原材料仕入	7,030,141	4,915,851	756,486	4,511,895	5,010,774	5,357,529	9,454,201	7,154,717	8,984,191	5,652,635	6,685,553	8,140,035	73,654,008	43.66%
														0	0.00%
														0	0.00%
	原材料仕入高	7,030,141	4,915,851	756,486	4,511,895	5,010,774	5,357,529	9,454,201	7,154,717	8,984,191	5,652,635	6,685,553	8,140,035	73,654,008	43.66%
	原価合計	7,030,141	4,915,851	756,486	4,511,895	5,010,774	5,357,529	9,454,201	7,154,717	8,984,191	5,652,635	6,685,553	8,140,035	73,654,008	43.66%
	売上総利益（粗利）	7,768,036	8,183,559	10,444,218	6,068,501	6,778,441	8,024,895	8,249,884	10,846,314	4,736,302	7,617,312	7,888,441	8,447,374	95,053,277	56.34%
	役員報酬	1,044,928	929,421	929,421	929,862	929,862	903,462	903,662	903,662	903,662	903,662	969,969	969,969	11,221,542	6.65%
	給与手当	1,755,353	1,211,346	1,273,643	1,410,481	1,385,613	1,224,325	1,717,983	1,380,529	1,363,105	1,412,700	1,338,451	1,310,491	16,784,020	9.95%
	賞与													0	0.00%
	退職共済積立金													0	0.00%
	備品消耗品費	161,000	120,000	104,000	170,002	89,000	160,000	91,000	166,000	39,000	50,000	219,000	108,000	1,477,002	0.88%
	事務用消耗品費		12,000			4,000				2,000				18,000	0.01%
	地代家賃	310,000	310,000	310,000	310,000	310,000	310,000	310,000	310,000	310,000	310,000	310,000	310,000	3,720,000	2.21%
	賃借料													0	0.00%
	保険料	2,000	2,000	42,000	2,000	330,000	2,000	45,000	2,000	2,000	2,000	256,000	2,000	689,000	0.41%
	修繕費			49,000		17,000	323,000			45,000	108,000			542,000	0.32%
	会議費	108,000	89,000	763,000	82,000	128,000	125,000	201,000	139,000	156,000	290,000	192,000	108,000	2,392,000	1.42%
	租税公課													0	0.00%
	諸会費	26,000	41,000	62,000	44,000	72,000	38,000	35,000	76,000	41,000	69,000	44,000	44,000	592,000	0.35%
	図書新聞費	48,000	17,000	24,000	32,000	25,000	22,000	32,000	35,000	23,000	23,000	26,000	23,000	330,000	0.20%
	厚生費	153,000	96,000	100,005	129,000	56,000	75,000	88,000	225,000		21,000	61,000	51,000	1,055,005	0.63%
	旅費交通費	185,000	300,048	247,000	288,000	254,000	318,000	902,000	529,000	61,000	260,000	320,000	317,000	3,981,048	2.36%
	通信費	92,000	95,000	85,000	89,000	123,000	187,000	91,000	254,000		43,000	102,000	109,000	1,270,000	0.75%
	水道光熱費	88000	123000	119000	137000	103000	107000	87000	232000				95,000	1,091,000	0.65%

図6　資金繰り表テンプレートの利用例

年以上の分を作成します。それを見て、どこかで資金ショートが起きないか、入金日と支払日が前後している部分がないか、収入は確実にあるのか、支払いに漏れはないかなどをチェックします。これを作成し、常に更新していれば、危ない兆候を捉えて早めに対応できます。

資金繰り表のテンプレートは、例えば日本政策金融公庫や多くの金融機関のウェブサイトから無償でダウンロードできます。上図は私が作成したテンプレートの使用例です。どれでもよいので、まずは現物をチェックしてみることをお勧めします。記入の仕方や解釈の仕方は難しいですが、私の店舗ビジネス数字力養成塾をはじめ、使い方をガイドするサービスが各種ありますから、利用するとよいでしょう。

7 細かい数字にこだわり「分解思考・掛け算思考」をせよ

「神は細部に宿る」といいますが、経営においては小数点以下の極めて微細なように見える数字が、時に巨大な利益につながり、また逆に損失にもつながります。多店舗展開においては、ほんの小さな数字の差が、店舗数に応じて掛け算で増幅することに気をつけてください。また、社長という立場では、全店舗の経営状態を俯瞰してチェックする機会が多いと思いますが、同時に経営状態を細かい要素に分解して、定量化して確認することも肝心です。経営状態が悪化していると感じたら、何が原因なのかを調べなければなりません。そのときには「分解思考」、つまり物事を要素に分解して、それぞれの要素を詳細に検討する作業が必要になります。

この「分解思考」と「掛け算思考」は、多店舗展開を行なうときには常に意識して行なわなければなりません。細かい数字にこだわらなければ、何かの課題に対する正確な答えを導き出すことができません。その例として、店舗ビジネス数字力養成塾で参加者と私が掛け合いでやっている問答の例を挙げましょう。

【例】　ある飲食店は売上が６００万円、原価率は35％、人件費は24％です。社員の賃金は30万円、アルバイトの平均時給は９００円、営業利益30万円、営業利益率５％、営業時間は17時～24時を想定します。

【質問１】　この店舗で、時給を50円上げたら、人件費は何パーセント上がるでしょうか。

【答え】　答えは１％で、年間では72万円になります。

「ああ、それくらいならどこか切り詰めれば何とかなりそう」とお考えかもしれませんが、多店舗展開をしていく上では大きな間違いです。たかだか１％のコストアップでも、10店舗では１年に７２０万円のコスト増になります。それが10年続いたとしたら、７２００万円ですね。このように多店舗展開における数字は、店舗数と期間の掛け算で考えなければいけないのです。いかがでしょうか。７２０万円あれば、もう１店舗出店できそうですね。

【質問２】　同じ店舗で３％値上げしたら営業利益はいくらになるでしょうか。

【答え】　売上が３％増えるので、答えは48万円です。

値上げ前の営業利益はひと月30万円でしたから、18万円のアップとなり年間では216万円増えます。それが10店舗だと2160万円、10年のスパンで考えれば2億1600万円になります。逆に、3％値下げすれば、同じ額だけ営業利益が減ります。

【質問3】 営業利益を1％増やすために、時間あたりのコストを削減するとしたら、削減額はいくらですか？

【答え】 計算法は省略しますが285円です。

これは大きいといえば大きいのですが、店舗全体で1時間に285円のコストカットは十分に可能ではありませんか？　例えば各アルバイトに15分早くあがってもらう、食材管理を厳密に行なうなど、さまざまな対応がとれそうです。年間の営業利益を1％増やせと言われても難しいですが、1時間に285円分のコスト削減ならできそうですね。

【質問4】 売上前年比2％を増やすために、時間あたりの売上はどれだけ増やせばよいですか？

【答え】 これも計算を省略しますが、572円です。

１時間あたり５７２円を売り上げるには、１時間に例えばドリンクを１杯追加してもらえばいいのです。これもそう難しくないようですね。

どうでしょう、１％、２％、３％という、一見瑣末な数字を例にしてみましたが、その小さな数字が意外なほど大きな影響力を売上や利益に発揮することがわかりますね。また店舗オペレーションの工夫だけでも、利益や売上が増加できることもわかります。

私はいつも「**多店舗展開はまずは問題を分解して考える分解思考が必要で、その後には要素を掛け算する掛け算思考が大事**」と言っています。店舗ビジネス数字力養成塾ではこのような問答を通して、数字を読む力、つくる力を養っているのです。店舗経営の収入要素や支出要素に対して、この例のような質問を繰り返してみてください。それは店舗経営改善策のシミュレーションになり、重要な改善のヒントが得られるかもしれません。

私は多店舗展開で成功した人、また店舗ビジネスではないビジネスで成功した人をたくさん見てきましたが、どの人も非常に細かい数字にこだわるところが共通していました。特に金額面では非常に厳しく微細な数字にこだわる、たいへんな倹約家が多い印象です。細かいことにこだわることが、どうやら成功のための要素の１つのようです。

第6章

吉田松陰には見えていた「全員参加型組織」

1 松下村塾の「個性を伸ばす教育法」に学ぼう

「学は人たる所以を学ぶなり」……第2章で紹介した吉田松蔭先生のこの理念、何度聞いてもいい言葉ですね。松蔭先生の名言として他に、「夢なき者に理想なし、理想なき者に計画なし、計画なき者に実行なし、実行なき者に成功なし。故に、夢なき者に成功なし」というフレーズもあります。どうですか、まるで本書でこれまで述べてきたような多店舗経営の「極意」の芯をついているような内容じゃないでしょうか。松蔭先生は160年も前に、店舗ビジネスの極意を予言していたのです……なんて、本当は逆です。私自身が松蔭先生の教えに心酔する、ファンの1人なのです。私の多店舗化養成塾の基本的な考え方は、松蔭先生のこれら名言が端的に示すような「本学」に感動し、またそれまで経験してきた店舗ビジネスの成功法則との合致に驚いた経験から形づくられたものなのです。松蔭先生のことを勉強すればするほど、日本最強のメンターだったのだな、という思いを深くします。

多くの日本のリーダーを生んだ松下村塾での松蔭先生の教えは、今でも、また未来においても優れた「リーダー学」だと思います。その要点を、私なりに解釈して12個のポイントと

1 夢を与え、暗示をかける	7 時流を大事にする
2 志を立てる	8 地図を活用する
3 対話する	9 日常から学ぶ
4 議論させる	10 個性を伸ばす
5 行動する	11 長所を伸ばす
6 情報を集める	12 読書は手を使う

図1　吉田松陰の「リーダー学」の12のポイント

して図に掲げますので、興味をもたれた方はぜひ、松蔭先生の教えを調べてみることをお勧めします。私も電子書籍として『吉田松陰式リーダーの育て方』を上梓していますので、そちらもご参考になるかもしれません。ここでは、松蔭先生の人づくりの極意について考えてみたいと思います。

人の個性を伸ばす教育

松下村塾での人材育成に対する姿勢を一言で言えば、「個性・長所を伸ばす」ことを重視するものでした。

松蔭先生は塾生に対して画一的に教えを説くことはしませんでした。塾生1人ひとりの興味関心のありかを、対話によって聞き出し、学ぶべき本を1冊選んで渡します。それを読んだあと、ときには印象的な部分を抜き書きさせ、どこが面白かったか、印象に残ったかを聞き出します。次に塾生の話した内容に基づいて別の本を1冊選び、学ばせます。

このような手法をとることにより、塾生は自分の関心があることについてどんどん知識を集積し、深く考えることができるようになります。上から考えを押し付けるではなく、学びの材料を与えて、自分で学びを深められるように仕向けたのです。こうすることで、塾生は自分で課題を探し、自分で情報を集め、自分で判断して、次のより高度な学びや行動に移ることができるようになります。

多店舗経営では「自立自走型人材」を育成することが大切だと述べましたが、そうした人材を育成するためには、松下村塾流の教育法が最も適していると思います。松陰先生は「誰にでも才能が秘められている」ことを信じて疑いませんでした。孔子や孟子による儒学や、その後の陽明学に学んだ松陰先生は、「性善説」に基づいて人間は平等であるという信念をもっていました。身分や氏素性にかかわらず、それぞれの個性を引き出し、長所を伸ばせば、必ず世の中の役に立つ人になれると信じていたのです。その信念に基づく教育の結果、明治維新とその後の日本の発展を導く偉大なリーダーたちが生まれました。

このような手法は、現代のコーチングの手法に似ていますね。コーチングは新しい人材育成の方法のように言われますが、はるか昔に先駆者がいたのです。

「知行合一」「事上練磨」ということ

松蔭先生の教育は、実践的な学問であったことも特徴です。「知行合一」という陽明学の言葉は有名ですが、これは自分が身につけた思想や知識は、行為・行動に生かしてこそ、初めて価値が生まれるという意味の言葉です。松蔭先生はこれを重んじました。学んで頭の中で理解しただけではだめなのです。学んだことを、現実の世界の中で実践していくことを望み、できもしない大言壮語や知識のひけらかしは常に戒めていたそうです。店舗ビジネスに限らず、すべてのビジネスは実践してこそ価値を生み出します。人材育成は知識の詰め込みでなく、人の心を変化させていき、価値ある行動に向かわせることを念頭におくべきです。

またもう1つ、松蔭先生が大切にしていた言葉に「事上練磨」という言葉があります。こちらは、仕事や生活を通して学び、自分を磨いていくという意味の言葉です。ビジネスの言葉に置き換えれば、現場の仕事の中から吸収すべきものを吸収し、自分自身の成長をめざすべきだ、ということになると思います。

真理を追求し、正しい行動を実践していれば、自分自身の成長につながり、ひいては世の中を変えていくこともできる。経営と人材育成のための珠玉のアドバイスだと思います。

❷「正しい答え」より「正しい問い」を追求しよう

さて、松蔭先生が塾生を教えるときに重視していた教育手法は何でしょうか。先ほどの本を渡す方法の例でもわかるように、一番重んじていたのは対話です。武士や農民などの区別なく、松蔭先生は学びたいと思う人を無条件に塾に迎え入れました。そして分け隔てなく、みんなとマンツーマンで向き合い、疑問や意見、希望を聞き、観察し、その人に最適な学びのヒントを与えていたのです。また、塾生を集めて議論することもよく行ないました。議論には何も制約がありません。安心して何でも言える場をつくったのです。ただ自由に議論をすることを奨励し、議論が煮詰まっていったとき、自分の意見を述べるという形だったようです。そして、議論を進めた塾生たちは先生の意見の奥深さに感じ入ったといいます。

この手法は、私の多店舗化養成塾でも応用させてもらっています。できるだけ、参加者の皆さんに「このようなとき、あなたならどうしますか」と問いかけ、その回答がたとえ見当違いなものであっても、発言に感謝して讃えます。それは私にも、他の参加者の皆さんにも別の角度からの視点を与えてくれるものだからです。このように自分で考えてもらうことを通して、思考は深まり、学習内容の理解が定着します。講義が多くの参加者の皆さんに喜ばれ、多店舗展開に成功されているところを見れば、このやり方が正解なのだろうと思っています。

対話にしても議論にしても、教育を提供する側に大事なのは「ともに学ぶ」姿勢なのだと思います。松蔭先生はまず塾生に問いかけ、塾生が答えを探す対話を繰り返す教育を実践していました。もっとも松蔭先生はいつでも答えは用意していたのでしょう。そうでなければ最適な本を選べませんし、適切な質問もできません。その人の興味・関心の方向と、考えの深さに応じて学びのヒントを与えることは、自分自身がたくさんの本から情報を得て、思考を深めていったからこそできたことなのでしょう。

物理学者のアインシュタインは「何かの問題を解決するのに1時間を与えられ、解決できないと絶体絶命のピンチに陥るとしたら、1時間のうち55分は正しい問いに答えようとしているのかどうかを考える」という意味のことを言ったそうです。正しい問いを注意深く探して、みつかれば残りの5分で解答できるというのですね。私はこのエピソードを聞いて、重要な課題に対して、答えを考える前に、適切な問いかけをすることは科学の世界でも共通するのだな、と思いました。正しい答えを教えるより、正しい問いを発して、自分で答えを探させることこそ、自立自走型人材をつくる秘訣なのだと思います。

3 「他人ごと」から「自分ごと」へと転換しよう

松蔭先生が対話や議論を重視した理由の1つは、学問を他人ごとと思わず、自分ごととして学ぶことができる点だと思います。人から言われたことをただするだけでは、自発的に何かを成し遂げる意欲につながりません。質問されたことや、議論のテーマに設定されたことに対して、自分ならこう思うと発言し、他の塾生の言うことも聞き、松蔭先生の話も聞き、そして自分の考えの浅さに気づいたら、さらに勉強して納得できるまで思考を深め、次に師と対話できる機会や議論の機会には、一歩進んだ考えを述べられるようにする。その繰返しが自分自身を磨き上げることにつながります。また「知行合一」「事上練磨」を重視しますから、磨き上げた学問は現実の生活や仕事に反映され、また生活や仕事の中からの学びを得て、学問の場にフィードバックすることもできます。

主体的な学びを、情熱をもって深めることができるように促したことが、松蔭先生の教育法の特質ですが、これは松蔭先生のオリジナルというわけではありません。ソクラテス、孔子などの聖人、碩学、賢人と呼ばれる歴史上の人物の多くは、対話を重視して弟子を育てています。逆に言えばよい弟子が育ったからこそ、師の名が歴史に残ったのだと思います。

現代では、このような主体的学習を促進する方法として、先ほど名前を出したコーチングが注目されています。コーチングという言葉にはいろいろな定義の仕方がありますが、私は「対象者の目標達成に必要な知識やスキルを身につけてもらうための個別的な支援」と捉えていいと思います。ただしそれは指導者が用意して対象者に与えるようなものではなく、自分自身が必要な知識やスキルを探し、身につけ、実践して行動に移すことができように成長させることを促すための支援です。あくまで、自発的な行動を誘うことが目的なのですね。それには、まずは心に火をつけ、情熱をもって能力向上に取り組めるように仕向けることも大事ですし、新しい視点でのものの見方を与えて気づきを促進し、行動の選択肢を増やしてあげることも必要です。もちろん目標達成に向かう過程で激励しながらすぐ近くに寄り添うことも重要です。こうして自発的行動を促進することがコーチングです。これにはコミュニケーション、特に「傾聴」が重要とされています。対話や議論を重視し、自発的・主体的学びを重視する松蔭先生の方法とそっくりですね。従来の他人ごとになりがちな人材育成から、自分ごととしての主体的な人材育成への転換は、現代のビジネス環境が要請するものですが、実は松蔭先生の教育法への回帰だと私は思うのです。

4 激変するビジネス環境に対応できる人材を育てよう

本書の最終章であるここで、なぜ、吉田松陰先生の教育法を取り上げているのか、おわかりでしょうか。それは、私は松陰先生流の人材育成法こそが、現在と未来の会社を担う人材の育成にふさわしい方法だと思っているからです。

テクノロジーが劇的に世界を変えている

今、ビジネスの世界は激変しています。ビジネスの激変という言葉は使い古されていますが、ここ数年の変貌のスピードには凄まじいものがあります。小売業界では、老舗の超巨大スーパー、ウォルマートの時価総額を、新興の中国アリババ・グループが一気に抜き去りました。アリババの成長率は年間60％近くまで急上昇しており、時価総額ランキングでは小売業界トップに上り詰め、勢いはまだまだ続きそうです。自動車業界でもフォードやGMではなく、電気自動車専業のテスラが急成長、ホテル業界ではＡｉｒＢｎＢが、映画コンテンツではネットフリックスが、半導体ではＮＶＩＤＩＡが、古くからの同業大企業を脅かす存在になっています。アップルのジョブスはかつてiPhoneの市場投入でそれまでの携帯電話業界やスモールコンピュータの世界を完全に塗り替えましたが、それと同様のことがあらゆる業界で起きているのです。その共通点は優秀なテクノロジーを採用しているところです。新テクノロジーは環境をそれまでとは一変させる力をもっています。テクノロジーにより、ビジネスの世界のスピードはますます加速していき、古いインフラや慣習、考え方にとらわれた企業を駆逐していくでしょう。私は、その変化の凄まじさが幕末の日本に似ていると思うのです。今こそ、次世代の日本の先頭に立ち、激動する環境に対応していく、創造的な人材が必要だと考えます。

そのためには、指示待ち人間を量産するような画一的人材育成ではだめです。松蔭先生流の、個別の能力を引き出し、個性・長所を伸ばす教育こそが、次世代のビジネスリーダーをつくる方法だと考えています。また、従来のように優れた1人のリーダーの下に何十人、何百人という部下が従うという組織も、もはや時代遅れになりつつあると思います。組織構造は硬直しがちな旧来のヒエラルキー組織から脱し、フラットな緩いつながりをもつ組織へと生まれ変わるべき時が来ています。そんな時代こそ、自分の頭で考え、判断し、決定し、行動できる自立自走型人材の出番です。

5 「ホラクラシー型組織」への移行をめざそう

激動するビジネス環境の中では、明日何が起きるかわかりません。その不安定な環境の中でも事業を維持し、成長させていくことは、好むと好まざるとにかかわらず、すべての企業に求められることです。昨日までのノウハウが役に立たなくなるとき、役に立つのは人間の創造力です。創造力を束縛するものを取り去り、自由にものを考えられる場が必要です。

ヒエラルキー型組織の限界とホラクラシー組織

少し組織論に入り込んでみましょう。従来型の企業組織はトップから末端まで幾層にも役職や部署が連なって、トップダウンで組織が動く階層構造が一般的です。これは安定している一方、外的環境の変化に対応するには時間がかかる欠点があります。

それに対し、小さな組織だと、変化を感知したらすぐに何をすればよいか決めて実行できます。例えば人間の体にばい菌が入ってきたとき、大脳は感知しませんが、細胞の防衛機能で即座にばい菌をやっつけますね。そのように、小さい組織は変化への対応が迅速です。

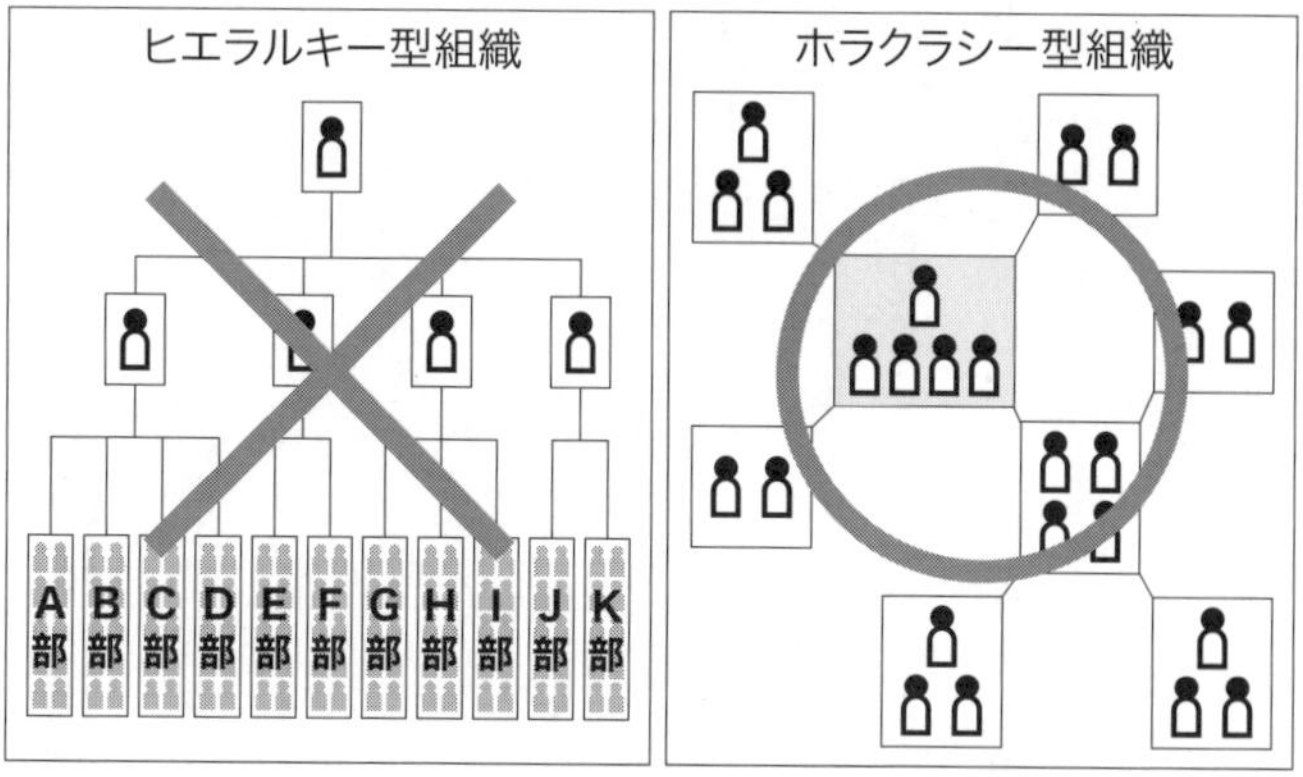

図2　ヒエラルキー型組織からホラクラシー型組織へ

生物の細胞のように、細分化されたチームで意思決定し、行動できるようにするのが、フラットな構造をもつ「**ホラクラシー**」(holacracy) 型組織です。その典型例は、アメリカのＥコマース企業、ザッポスです。同社では、管理職をなくし、上司や部下という階層的な管理構造をなくしました。日本でもその経営改革は現在も注目を浴びているところです。同社の成否はともあれ、従来のヒエラルキー型の組織パラダイムを一変させる、新時代の組織論が現実化してきています。

小さく、自立自走できる組織なら、外的な環境が大きく変わっても、また小さな変化が頻繁に起きても、対応に遅れをとることなく、柔軟に意思決定をして迅速な行動がとれるはずだ、というのが、ホラクラシー型組織という考え方の根本です。

ホラクラシー型組織は「全員参加型組織」

ヒエラルキー型組織とホラクラシー型組織の違いとは具体的に何でしょうか。私見ですが、左ページの図に示すようなポイントを理解しておくとよいと思います。

まずリーダーシップの違いです。ホラクラシー型組織では、極端に言えば社長や部長などの役職はなくてよく、権力で支配するのでなく、人望によって協力を得るという点が違います。意思決定はトップダウンでなく、またボトムアップでもなく、分散したチームがそれぞれ行ないます。人間関係に上下がなく対等（フラット）であり、自分がもつ情報は、会社が統制するのではなく、共有することが好まれます。各人の役割は職務規定などで限定されるのではなく、必要に応じてどんな役割でもできるような柔軟性をもっています。マネジメントは命令や規則ではなく、自律的な管理になります。報酬は金銭や役職からくる名誉でなく、個人のやりがいや充実感が主になります。また思考は分析的というよりは、創造的・総合的な思考タイプになります。事業計画は、外的要因により左右される前提ですから、例えば5カ年計画など長期的計画は立てにくくなるかもしれません。ただし後に修正・改訂される前提で、計画書はつくっておくべきなのだろうと思います。

	ヒエラルキー型	ホラクラシー型
リーダーシップ	権力、ポジション	人望
意思決定	トップダウン	分散
関係	上下関係	対等の関係
情報	統制型	オープン型
役割	限定的	必要に応じて柔軟
マネジメント	命令・規則	自律型
報酬	金銭・名誉	やりがい・充実度
思考	分析的思考	創造的・総合的思考
事業計画	予測可能	予測不可能

図3　ヒエラルキー型組織とホラクラシー型組織との対比

すでに世界ではホラクラシー型の組織構造をもつ会社が登場しています。日本でも牛角などの店舗では店長・社員・アルバイトを含め全員の経営参加型組織をつくって成功したケースがありますが、これもホラクラシー的な経営手法と言えるでしょう。

企業組織の向かう方向は、もうヒエラルキー型ではありません。ホラクラシー型組織に対応できる、個人レベルで自立自走型の人材を、できるだけ早く育成していくことをお勧めします。

激動する環境の中で有利な組織構造は平等でフラットな、自立自走型組織です。松蔭先生は幕末期の不安定な世情の中で、それを確信していたのではないでしょうか。

6 500もの会社をつくった渋沢栄一に学ぼう

最後にもう1人、私の尊敬する人物の話をさせてください。その人は渋沢栄一です。渋沢先生の経営哲学は「論語と算盤を一致させよ」というものでした。

論語とは職業倫理、算盤とは利潤の追求という意味です。渋沢先生は幕末から大正時代にかけて活躍し、約500社もの株式会社を創設したことで有名です。創設した会社の約7割は現在も存続しており、その中には日本郵船、東京ガス、みずほ銀行、王子製紙、帝国ホテル、キリンビール、東京海上などのビッグネームがたくさん含まれています。

日本実業界の父とまで言われる渋沢先生ですが、明治期のビジネスマンの気風を嫌っていたようです。「江戸期には、論語（儒学）を中心とした倫理観を大切にする気持ちが商売の場面でも勝り、利潤を追求する人はむしろ軽蔑されてきたのに、明治期には逆転し、利潤追求が100パーセントの目的になり、倫理観の追求はゼロになった」という意味のことを言っています。それではビジネスは成り立たない、倫理観と利潤追求は矛盾するものでなく、50対50でバランスをとるべきだ、ということを「論語と算盤の一致」という言葉で表したの

人間は「論語で人格を磨くこと」と
「資本主義で利益を追求すること」の両方が大切だ

論語とは？　人間性、人格の磨き方、リーダーとしての「あり方」、人との付き合い方を学ぶもの

算盤とは？　利潤の追求、効率性、生産性、少ない元手でより多くの利益を上げること

図４　渋沢栄一の「論語と算盤」が表す経営哲学の根本

だと私は解釈しています。

多店舗経営では、このバランス感覚がとても大事だと思います。**倫理観はいわば「人としてのあり方」「会社としてのあり方」の問題です。一方の利潤の追求はビジネスの「やり方」の問題です。**経営者がどちらに力を注ぐべきかと考えたとき、やはり私はフィフティ・フィフティと考えるべきだと思うのです。ただし、倫理観、道徳というものは、もちろん「本学」に属します。利潤の追求、その方法は「末学」のほうでしょう。

上流に「論語」を置き、下流に「算盤」を置き、どちらも均等に追求していくのが、経営者として正しい姿勢ではないかと思います。

本書には書ききれませんが、渋沢先生の教えからは多店舗展開のヒントがたくさん得られます。関連書籍はいくつもありますから、松蔭先生の教えを学ぶ一方で、渋沢先生の教えについても勉強していただきたいと思います。

あとがき

ネットビジネスや無店舗経営が脚光を浴びる今日、店舗ビジネスを取り巻く環境は厳しさを増しています。でも、お客様と直に触れ合い、お互いに幸せを分かち合える店舗ビジネスには、他では味わえない醍醐味があります。この本には、そんなお店が大好きで、よりいっそう多くのお客様や従業員の方々と喜びを分かち合いたいと願う経営者の方のために、今後数十年にわたる店舗経営のリスクを最小限にすることを念頭に、私なりの成功法則のエッセンスをまとめました。

店舗経営の要点は「人づくり」と「仕組みづくり」に尽きます。それぞれに勘所があり、それを理解していないとつまずきます。何度も言うようですが、店舗ビジネスを安全に継続していくためには、多店舗化が最善の策です。ただし、10店舗以上に拡大していくまでは、1敗も許されない戦いが続きます。希望を高くもち、夢を広げながらも、地道に努力と工夫を重ねていく覚悟が必要です。困難なことも多いですが、壁を1つひとつ乗り越えたときの達成感や充実感、そしてたくさんのお客様に来ていただき、喜んでいただいたときの幸福感は、挑戦しなければ決して得られないものです。

私はその無上の喜びを、読者の皆さんに味わっていただきたいのです。私も店舗ビジネスを愛する者の1人として、22年にわたって店舗経営のあり方を探求してきました。勝手ながら、本書の読者の皆さんは、店舗ビジネスに人生を捧げる同志だと思っています。そして、私がこれまで蓄積してきたノウハウはすべて、皆さんのお役に立てていただきたいと願っています。

ここに書き尽くせなかったことも多く、本の形で公開できないとっておきのノウハウや、サクセスストーリー、失敗ストーリーも実はたくさんあります。もっと店舗ビジネスや多店舗展開の現実を知りたいという方は、ぜひ私のウェブサイト「多店舗化ドットコム」を参照していただきたいと思います。このウェブサイトは、多店舗展開をめざす人の役に立つ情報を網羅すべく、日々コンテンツの充実を図っています。このサイトであなたのメールアドレスを登録していただくと、30日間の無料メールセミナーが受講できます。また、多店舗化養成塾、店舗ビジネス数字力養成塾など各種養成講座のご案内や、セミナー開催情報など、たくさんの情報を発信しています。

現在のところ、養成講座は7つあり、飲食、治療院、サロン、コンビニエンスストア、小売、学習塾、介護、居酒屋など、さまざまな業種業態の300社を超える企業の経営者が参加されています。スポットの多店舗化セミナーも頻繁に開催していますので、ご都合が合うときにご参加いただくと、お役に立てるかと思います。個別のコンサルティングも提供しています。

巻末には、養成塾などでともに学び、人づくり、仕組みづくりに関する貴重なヒントをいただいた皆さんのお名前を、感謝の気持ちをこめて掲載させていただきました。また、ウェブサイトのURLや、本文中で触れた書籍の情報も記しますので、参考にしてください。

最後までお読みいただき、ありがとうございます。いつか、直接お目にかかる機会がございましたら幸いです。本書が少しでもあなたの店舗経営のヒントになることを願い、多店舗化展開にご成功されることをお祈りします。

【参考 Web ページ「多店舗化 .com」】

http://tatenpoka.com/

【加納聖士著作（電子書籍 Amazon Kindle 版）】

・吉田松蔭式 リーダーの育て方（2015）
・「仕組み」を作った社長が生き残る（2015）
・加盟しますか？ そのフランチャイズ（2015）

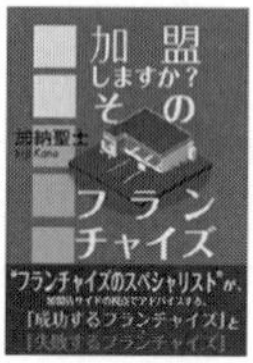

【ご一読をお勧めする参考文献】

・7 つの習慣：スティーブン・R. コヴィー（著）ジェームス・スキナー，川西茂（訳），キングベアー出版（1996）
・はじめの一歩を踏み出そう―成功する人たちの起業術：マイケル・E. ガーバー（著），原田 喜浩（訳），世界文化社（改訂版 2003）
・ビジョナリー・カンパニー ― 時代を超える生存の原則：ジム・コリンズ（著），山岡洋一（訳）日経 BP 社（1995）
・論語と算盤 CD-ROM：渋沢栄一（著），でじじ発行 / パンローリング発売（2013）
・渋沢栄一 上 算盤篇，渋沢栄一 下 論語篇：鹿島茂（著），文藝春秋（文春文庫）（2013）

感謝をこめて〈お世話になった皆さん〉

敬称は省略させていただきます。

（五十音順）

赤井　秀雄
浅見　誠
麻生　弘文
安達　航
尼子　雅也
天田　幸宏
荒川　仁詞
井口　吉彦
池頭　邦之
池本　誠知
伊佐　嘉仁
井澤　潤次朗
石井　愛一郎
石井　康裕
石塚　和
石原　潤一
石原　健雄
伊勢嶋　剛
板谷　貴司
市川　健一
市毛　里司
井出　寿利
伊藤　鉱一
伊藤　秀薫
伊藤　匠
伊藤　朋弥
稲垣　和彦
井上　豊
井上　寛久
今井　達也
今井　啓敦
今藤　朱里
岩崎　賢
岩下　琢也
岩本　浩一
禹　在賢
上田　肇
上野　忠博
上原　健志
魚住　行弘
氏永　勝之
梅澤　伸嘉
榎戸　恵彩
遠藤　祐二
笈田　潤
大井　義友
大石　智之
大久保　卓也
大河内　隆広
大澤　弘一
大嶋　啓介
大塚　武人
大野　貴弘
大野　義啓
大林　俊之
大原　弘成
大山　直人
緒方　良治
岡本　栄治
奥秋　大輔
奥長　義啓
奥野　博樹
尾崎　貴汎
小沢　佳史
小澤　竜也
小田切　朋子
小田　雄太郎
落合　章
落合　志穂

落合 創
小野 知一郎
小野寺 誠
小柳出 和文
甲斐 実
加賀谷 慶太
梶村 幸市
勝田 貴之
加藤 敦
加藤 昌人
角野 雅也
加納 明
狩野 高光
加邉 文彦
上川 弘次郎
上條 達央
苅谷 敦司

河井 俊輔
河合 良治
川口 清一
川崎 万里子
川島 亨夫
河原 龍秀
菊地 景輔
菊地 努
北川 昌
北村 勇希
木下 友輝
木村 明彦
木村 勝司
清野 昭宏
工藤 英昌
工藤 三十胤
久保田 長成

窪田 俊治
熊坂 光
倉崎 好太郎
黒田 功
桑原 一臣
小池 修
小島 祐介
後藤 一敏
後藤 浩治
後藤 英行
小林 完二
小林 健志
小林 茂光
小林 義昭
近 靖彦
斉藤 和人
酒井 一浩

坂井 孝能
境堀 孝一
榊原 直也
坂口 優
笹原 寿郎
佐治 邦彦
佐藤 陽司
佐藤 和義
佐藤 岳登
佐藤 睦浩
佐野 圭太
澤井 誠
澤田 豪
島田 春男
島本 千賀
清水 昭博
清水 謙司

清水 徳広
志村 隆司
小路 晃
新吉 純一
杉浦 太郎
杉野原 佑治
須崎 淳史
須崎 章博
鈴木 和人
鈴木 邦弘
鈴木 慎一
鈴木 晴貴
鈴木 秀和
鈴木 康子
鈴木 啓孝
須田 朋章
澄田 洋明

諏訪 貴洋
洲脇 誠司
曹 陽
曽根 浩平
高野 祐平
高橋 洋介
高橋 礼人
高原 宏彰
高安 敏行
田川 英紀
武石 恭芳
竹内 志保美
竹口 晋平
竹澤 哲平
武田 史彰
田中 健治
田中 耕一

田中 進也
田中 仁
田中 泰亨
田邊 清志
田邉 健児
谷口 忠
玉居子 高敏
田村 雅也
垂石 和宏
福本 義博
辻 雄介
土屋 浩二
椿 芳徳
寺出 昌弘
寺内 正樹
寺川 裕之
寺本 幸司

土肥 正弘
遠山 眞人
冨田 健太郎
富永 尚
長島 昭一
長田 美奈
中坊 浩敏
中村 順
中村 忠弘
中村 真
中村 務
中本 徹
中本 勝彦
中家 雅人
中山 哲夫
中山 良一
西尾 英樹

西尾 英樹
西村 寛幸
二村 修一
能村 夏丘
野上 剛
野田 英夫
野村 奈央
野本 大輔
橘 修吾郎
橋本 宏一
長谷川 久幸
畑尾 一心
畠山 良太
花野 博
植屋 浩幸
馬部 博幸
早川 裕之

早川 陽介
林 栄路
端山 政毅
原田 貴史
晴山 陽一
半田 学
日野 大介
廣瀬 剛葵
廣瀬 喜朗
福井 宏昌
福田 洋右
藤井 宏和
藤田 憲一郎
藤村 順一
藤村 典久
藤吉 貴章
船越谷 聰

古川 龍史
古川 正明
古藤 知裕
布袋屋 久昭
本間 厚志
前島 みどり
政次 裕也
増田 厚
町 啓介
松井 昭詞
松尾 純一

松永 将高
松野 智徳
松野 太
松本 大
松本 仁志
松本 幹裕
丸山 修一
見木 一雄
三木 規彰
溝口 彰人
溝口 隼人

宮城 剛
三宅 靖雄
宮田 聡志
宮村 栄世
武藤 花緒理
村田 雅俊
室木 英人
百瀬 友博
森 恵太
森 慎太郎
森山 幸治

茂呂 史生
矢口 宗平
矢島 崇光
屋代 浩之
安成 孝則
梁川 正治
山口 滋巳
山崎 仁雷
山田 武史
大和地 洋一
山本 一人

山本 匡志
山本 美和
横山 明男
吉田 圭佑
吉田 大作
吉村 ひとみ
米田 勝栄
龍嶋 裕二
渡辺 一人
渡部 賢一
渡部 康二

著者プロフィール

加納 聖士（かのう せいじ）

レクシスノア株式会社代表取締役、多店舗化.com 代表。
1972 年 1 月静岡県三島市生まれ、3 店舗から 80 店舗の多店舗化を経験し、200 社以上のフランチャイズ本部の仕組みづくりをサポートしてきた多店舗化の専門家。指導先は飲食、治療院、美容室、ビューティサロン、学習塾、デイサービス、士業、コンサルタントと多岐にわたり、現在約 400 社への支援実績をもつ。2020 年の東京オリンピックまでに 10 店舗以上の多店舗化をめざす企業の社長を 500 社つなげることを目標に奮闘中。

編集・制作：土肥 正弘（ドキュメント工房）
装丁・図版：大関 直美

"極意"「多店舗展開」で絶対失敗しない法

2019年6月1日　初版第1刷発行
著　者：加納聖士
発行者：晴山陽一
発行所：晴山書店
〒173-0004　東京都板橋区板橋2-28-8　コーシンビル4階
TEL　03-3964-5666／FAX 03-3964-4569
URL　http://hareyama-shoten.com/
発　売：サンクチュアリ出版
〒113-0023　東京都文京区向丘2-14-9
TEL　03-5834-2507／FAX 03-5834-2508
URL　https://www.sanctuarybooks.jp/
印刷所：恒信印刷株式会社

ISBN978-4-8014-9401-5